金のオタマジャクシ、そして感性の対話

世界に音楽が必要な理由

Kondo Kaoru
近藤　薫
東京フィル・コンサートマスター
東京大学　先端研　特任教授

花乱社

▲第921回オーチャード定期演奏会
►第892回オーチャード定期演奏会
ともにバッティストーニ氏指揮
(写真：上野隆文，提供：東京フィルハーモニー交響楽団)

▲►ハートフルコンサート2019〈30th Anniversary〉にて。黒柳徹子さん，尾高忠明さん，東京フィルメンバーたちと（東京芸術劇場コンサートホール，2019年８月15日。写真：三好英輔）

▲►北海道白老町ポロトの森や湖で演奏。第２ヴァイオリン・荒井里桜氏，ヴィオラ・藤村政芳氏，チェロ・渡邉辰紀氏（白老町・ポロトの森エコミュージアム推進協議会，東京大学先端科学技術研究センター人間支援工学分野中邑研究室共同主催，2020年11月。動画「森を聴く」「人間中心からノイズを楽しむ自然中心の暮らしへ」より）

「夕焼け小焼け」の最後のフレーズにあわせるように鳥が鳴いた

中邑賢龍先生と焚き火を囲んで

◄高野山真言宗総本山金剛峯寺，和歌山県高野町，高野山大学と東京大学先端科学研究センターが連携協定を結んだ協定式で奉納演奏（2020年９月６日）

▲バーチャル先端研公開 2020「The Beatitudes」より。東京大学先端研十三号館前にて（東京大学先端科学技術研究センター）

東京大学先端研一号館，風洞実験装置にて（2018年 4 月）

アーティスト・鈴木康広さんと「空気の人」（2019年 8 月，タウシュベツ）

祖父と自宅にて（1992年 3 月）

ロシアの巨匠チェリスト・ロストロポーヴィチ氏と（キャラバンコンサート2002レセプション会場）

序　文

東京大学先端科学技術研究センター所長
神崎亮平

光や振動などの物理現象は、この地球が誕生した頃から存在していたが、そこには色彩や音色はない。それらは生命が誕生することで生まれ、無機質な光や振動に価値を与えたのは生命である。色鮮やかな色彩でパートナーを魅了し、誘因歌によって恋を奏でる鳥や昆虫たち——。生物は、自然と調和しながら、視覚や聴覚などのさまざまな機能を獲得していった。感覚の世界は、まさに生物個体そのものと、自然との共創が織りなす多様で個性豊かな世界である。

ヒトはこの感覚世界を飛び越えるための「ことば」を獲得し、論理的に物事を思考する意識世界の能力を進化させた。そして、自然を理解し、最適に制御するための科学技術を生みだすことになった。その恩恵は多大であったが、代償として、自然との調和や共存という本来の関係を失い、大きく乖離してしまった。

ことばは概念をつくるが、その意味は限定されてしまう。科学は細分化され切り取られた世界をことば（論理・記号）で定義するが、理解はその世界にとどまる。これがことば（論理・記号）で表現される世界の限界かもしれない。自然は人をも包括した壮大な世界である。人は限定された世界にとどまることの物足りなさを本能的に直感し、元来持つ広大な自然との調和を求め、必然的に生まれたのが、詩や音楽、絵画などのアートであり、それにより自然との調和がかろうじて図られてきたものと思う。

自然との調和は、「感動（情動）」という形で表出された。「感動」は、生命や種を維持するための本能的な発露であり、ヒトが本来持つ自然との調和を能動的に誘導するものである。それがアートであり、「感動」によって、意識世界と自然世界がさらに強く結び付けられる。

本書で、偉大な作曲家は、その人にしか書けない秘密の音符、「金のオタマジャクシ」を楽譜のどこかに落とし込んでいることを知った。本書の表題でもあるそれは、楽譜という枠を超え、意識世界から自然世界への扉を開く鍵となり、「感動」を誘導するものにちがいない。

私のいる東大先端研は、インクルーシブ（inclusive）な持続的社会を構築するための革新的な科学技術を開拓することを目的に設置された。インクルーシブな社会とは、自然をも包摂し、多様な人々が共感をもって幸せになる世界をさす。自然と乖離した科学技術から、自然と調和し自然と共存する科学技術への転換が、インクルーシブな未来社会には必須である。その実現には、まさに科学技術の世界に落とし込む「金のオタマジャクシ」を探し出さなくてはならない。
著者の近藤薫さん、そして、ミラノで国際的に活躍するデザイナーの伊藤節《せつ》・志信《しのぶ》さん、ロンドンでデザインエンジニアとして活躍する新進気鋭の吉本英樹さんの四名を先端研の教員として迎え、私を含めた五名で、科学・アート・デザイン・宗教・哲学と多様な人々が対話する、古代ギリシャのアテナイの学堂のような場を先端研に設置し、インクルーシブで持続的な未来を形にする、新しい分野「先端アートデザイン」を二〇二一年四月に始動させた。

本書は、自然との乖離に追いやられた人が再び自然と調和・共存し、本来の人間性を回帰するための架け橋が何であるかを問いかけるものである。また、薫さんがこのような活動を開始したプロローグでもある。

読みすすめると、実は楽譜を構成するそれぞれの音符すべてが「金のオタマジャクシ」であることに、そして社会をつくる多様な人々がみな「金のオタマジャクシ」であることに気付くだろう。そして、世界には無駄なものはない、ノイズにも価値があり、それぞれがそれぞれの役割を演じることで自然は成り立っていること、さらには、それを忘れたときから、人と自然との乖離が始まったことに気付くだろう。科学技術もこれまでの「最適な解を求める」という視座から脱却し、多様で柔軟性ある解を求める視座に転換することで、未来へのヒントが見えてくる。

まえがき　社会にとって芸術とは何か

近藤　薫

この本は、二〇一六年六月から三カ月にわたり、「西日本新聞」で連載させていただいた随筆「金のオタマジャクシ」からの抜粋と、二〇一九年に集中してやらせていただいた五つの異なる分野のトップランナーたちとの対話、そしてCOVID－19感染症の流行を経て書いた私なりの芸術考をまとめたものである。

「金のオタマジャクシ」は、音楽家から見た社会をテーマに、その時々に感じていたことをそのまま文章にしたものだ。新聞紙面に随筆を連載させていただいたことは、私の音楽家としての活動に大きな変化を与えた。それまでも漠然と感じていた社会と芸術とのすれ違いを、いつもの「音」ではなく「言葉」にするということは、余程それまでよりも自らの心をざわつかせた。

いつからだったろう、私の暮らす日本において、クラシック音楽は社会の中でのアイデンティティを確立できずにいる、いや、正確には見失っていると感じるようになっていた。このままではクラシック音楽は歴史に埋もれ、遺物としての音楽になってしまう、または教養としての側面のみに興味が注がれてしまう、そんな気さえしていた。

伝統芸能と言ってしまえば聞こえはいいが、クラシックは伝統と革新の両輪でもって成立してきた歴史を持つ。国や文化、時代を超えてきた証は、自らが生きている社会の中の、生きている音楽として表現されるべきで、そしてそれを芸術的な域まで昇華させることが我々演奏家の使命だと思う。

「社会にとって芸術とは何か」ということを考えざるを得なかった。「向き合わねばならない」、そう感じるようになってからというもの、無意識の領域で活動させてきた芸術的な感性を、なんとか認識し、社会との接点を見つけようと努めた。そして、芸術家は決して自らのためだけでなく、いつでも他者に想いを馳せ、寄り添いながら表現すべきだと思うようになった。


連載終了から三年ほどして、福岡の弁護士の福地祐一先生・久美子さんご夫妻から、有り難くも「金のオタマジャクシ」の書籍化のお話をいただいたのだが、そこにはささやかではあるが迷いもあった。私たち音楽家にとって、音は発せられた瞬間に消え入ってしまうため、表現を「形に残す」ということに慣れていない。

三年の間に自分の考え方も幾分変わってきており、かつての自分の内面を今一度晒《さら》すことは、二重の表現な気もして抵抗感があったのだ。ここにきて、自分にとっての表現とは、いつでもライブとしての音楽であることと、普遍的なことは言葉にならないというある種の思い込みと、自分の非挑戦的な態度を再確認することにもつながった。そんな時、対談をしてはどうかという素晴らしい提案をいただいた。

私にはかねてからじっくり話してみたい人たちがいて、三年分の思積と彼らの思考とのオーバーラップという魅力的な提案は、私の背中をスッと押してくれた。

一人目の対談者、東京フィルハーモニー交響楽団の首席指揮者であるアンドレア・バッティストーニ氏は、同世代の音楽家で天才的な指揮者であるが、知性と野性のバランスが素晴らしく、そしてどちらの深度もかなり深い。オーケストラを掌握しドライブする類まれなバトンテクニックもさることながら、これだけダイナミックな表現を生み出すそのバックボーンは何なのか、その秘密を探る。

東京大学先端科学技術研究センター、バリアフリー分野の中邑賢龍《なかむらけんりゅう》先生は、それまで私が出会ったことのない、ある意味破天荒な研究者で、社会に馴染めない、しかし希望あふれる若者たちへの教育に携わった。先生との対話は、いつもまるでアーティストと話をしているような気分になる。

NHK福岡放送局キャスターの佐々木理恵女史は、地方大都市のメディアのあり方、文化芸術のあり方に非常に深い思慮をお持ちで、言葉と音楽というそれぞれメインのアウトプットが違う表現者同士の語らいがしたいと思った。

一番異色と言えるのは、東京湯島にあるBar The TRADのマスター川﨑堅城《けんじょう》さんとの対談だが、まず圧倒的に美味い酒を提供するセンスと、その職人としての美学の端はどこにあるのか、一度しらふで聞いてみたかった。

そして最後は、私の中高時代のオーケストラ部の先輩で、現在は楽天グループで常務執行役員を務めるバリバリのビジネスマンであり、圧倒的な知識量をもとに、独特の哲学をお持ちの古橋洋人さん。ビジネスやテックという、音楽から遠い分野との対話は、かねてより興味を持っていた。


本書の構成は新しい出来事から古い出来事に向けて逆時系列となっており、まずはCOVID－19を受け演奏会自粛の中、自宅で筆を走らせた芸術考、いわばソロに始まる。

例えばバッハの無伴奏ヴァイオリンのためのソナタとパルティータ集など、ヴァイオリン一本だけで演奏するソロの曲では、奏者の全てが、それは技術的なことだけでなく、奏者の精神状態なども含めて何もかもが明るみに晒される。それはまるでコロナ禍が長く続くほどに、社会全体の本音がだんだんと表出していったこととリンクする。

五人との対談では、私がインタビュアーのような形で質問を投げかけ、それぞれの立場と音楽との共通点を探っていった。対談は共感と共鳴の連続で、これはさながら室内楽のアンサンブルのように密な時間であった。

室内楽では、リハーサル上のイニシアチブをとる人がいたとしても、アンサンブル的、音楽的には完全に平等であり、老練な弦楽四重奏団ともなれば、誰が合図するでもなく自然発生的に曲がスタートするほどだ。しかし決してこぢんまりとすることなく、各奏者間の化学反応は内的に深く浸透し、一体となっていく。

そして最後に登場する「金のオタマジャクシ」は、社会のさまざまな事柄について触れており、たくさんの楽器が大ホールのステージという広い世界に同居するオーケストラのようだ。オーケストラは「社会の縮図」、「小さな社会」と呼ばれている。例えば、二十世紀中頃の巨匠たちはとにかくあらゆる権力を発揮しながら楽団をまとめていったが、彼らの指示は全体主義的な命令であり、意に沿わない奏者はリハーサル中でもすぐにクビになった。

現代では、奏者の個性を認め、一人ひとりが最大限のパフォーマンスができるよう気を配り、集まったものを巧みにまとめ上げていく手法が主流で、さながら多様性を認めるという現代社会の潮流とマッチする。

古い記録はあまり残っていないにしろ、おそらくオーケストラのあり方は、その時代その時代の社会のあり方をそのまま当てはめたようなスタイルであったと思う。いや、もしかするとオーケストラが社会に影響を与えていた可能性もある。

ただ一点、どんな時代にしろ崇高《すうこう》な音楽の発露を目標とし、全ての奏者がベストを尽くそうとするということ一点については、ずっと変わっていない。ともかく、五十回連載からの抜粋が、オーケストラサウンドのように交響すればと願っている。

二〇二一年四月

金のオタマジャクシ、そして感性の対話

世界に音楽が必要な理由

❖目　次

【II】感性の対話 ……………… 55

テクノロジーの未来、問題を見つけるために芸術がある

対話者▼楽天グループ株式会社 常務執行役員 古橋洋人氏

【Ⅲ】金のオタマジャクシ

金のオタマジャクシ、そして感性の対話
世界に音楽が必要な理由

このいわく言い難いものこそ

【I】感性の時代

今こそ芸術を語る

四年ほど前に植えた庭のハナミズキの木が、初めて花を咲かせようと固い小さな蕾の中で春を待ちわびていた頃。五人との対談は順調に進み、最後の文字起こしが終わったあたりで、日本でもＣＯＶＩＤ－19の感染者が増え始めていた。

ウイルスにより、世界は一変してしまった。街からはウイルス感染と蔓延を避けるため人が姿を消し、それでも外に出なければならない人たちが、終息点も見えぬまま足早に目的地へ向かう。演奏会ももちろん中止となった。おそらくクラシック業界は、音楽イベント業界の中でも、いち早くその活動を自粛したのではないだろうか。私自身も二〇二〇年二月の公演がキャンセルになったことを皮切りに、六月中旬の定期演奏会まで全ての公演がストップした。最初は、「ああ、またか……」と演奏会中止の報せを受け取るごとに落胆していたが、そのうち、「どうせ全部キャンセルだ！」と、スケジュール表自体を見なくなった。

ＣＯＶＩＤ－19によって、それぞれの業種でそれぞれの問題が起こっただろう。世界中の医療界で、地域によっては医療器具が不足してしまい、医療崩壊の懸念があった。危険を承知の上で必死の治療に当たる医療従事者や、社会基盤であるインフラを支えるエッセンシャルワーカーには頭の下がる思いだった。

私たちは少しでも終息に向け、一人ひとりが努力するべきで、さらには、余儀なくとはいえ家に引きこもってさえいればいい我々音楽家のような者たちは、終息後の世界にも目を向けねばならないと思った。もちろん音楽業界も明日をも知れぬという状況ではあったが、それはどんな業種でも同じであろう。これまでの長い歴史の中でそうであったように、音楽家、芸術家は、より良い社会のために、いつでも行動すべきなのだ。

音楽会が開かれなくなり、世界中でリモートオーケストラやコンサートのWeb配信が頻繁に発信されるようになった。日本で初めて無観客でコンサートをライブ配信したのは、びわ湖ホールオペラではないだろうか。二〇二〇年三月七日に演奏されたのは、びわ湖ホールが二〇一七年から毎年一作ずつ手掛けてきたリヒャルト・ワーグナーの大作「ニーベルングの指環《ゆびわ》」四部作の完結編「神々の黄昏《たそがれ》」だ。

「ニーベルングの指環」はワーグナーの代表作で、世界を支配できる力を持つラインの黄金から造られた指環、リングをめぐる、神々、人間、巨人族、ニーベルング族が登場するファンタジー超大作オペラだ。ハリウッド映画さながらに、権力欲、嫉妬、金、虚栄心、さまざまな感情が渦巻き、全四作を通すと十五時間もかかる。完結編「神々の黄昏」のラストシーンは、壮絶なリングの奪い合いの末、栄華を誇った神々の象徴であるヴァルハラ城が燃え尽き、リングは最初にあったライン川へと沈み幕を閉じる。つまり一つの世界、価値観が崩壊することで新しい何かが生まれる、またはその円環《リング》の物語。

なんという偶然の一致だろうか。COVID－19によって時代の転換期となるかもしれない、まさに世界の価値観が変わるかもしれない時代に、我々はいるのである。

同年はベートーヴェン生誕二五〇周年の年でもあった。フランス革命以降混乱の続くヨーロッパは、世界の価値観が変わった時代であった。ベートーヴェン自身、革命に傾倒していた人物で、交響曲第三番「英雄」は最初ナポレオンに捧げられたし、第五番「運命」の第四楽章のかっこいいメロディは、革命下のフランスで盛んに歌われていた革命歌だ。

そんなベートーヴェンは一八二四年に「第九」を書き上げる。第四楽章の有名な「喜びの歌」はゲーテと並び称されるドイツ古典主義の巨匠シラーの詩「歓喜によせて」からの抜粋だが、ベートーヴェンはシラーを通して、カントの自由論を見ていたのではないだろうか。

シラーは手紙のやり取りなどを通して、哲学者カントから多分な影響を受けていた。特に一七九五年刊行の『永遠平和のために』は直接「歓喜によせて」につながっていった。一人ひとりが普遍的に通用する道徳を探し、それをもってして自由で平和な世界を創るという平和論である。

ある国の首脳が、「現在は戦争下である」という旨の発言をしたが、これを聞いた時は実に残念な気持ちであった。「戦争」の二文字は私に、スペイン風邪から第一次世界大戦の終結、その後のアメリカのバブル経済、それが破裂した世界大恐慌、そしてその後のブロック経済からの第二次世界大戦を連想させた。およそ百年前にCOVID‐19のようにパンデミックを起こしたスペイン風邪の流行以後、列強国は自分の国だけ豊かになればいいという考えで、植民地など限られた地域に貿易を限定したブロック経済を敷いた。これによって窮地に追い込まれたドイツからナチス・ドイツが生まれ、第二次世界大戦へと突入していったのだった。

この不幸な歴史の本質は、「無関心」と「分断」だったのではないだろうか。無作為に、無自覚に自らの領域を広げていき、全てを巻き込み、他を認めることなく戦争を起こし、後のことなどお構いなしに勝手に奪い、そして勝手に引きこもった。めちゃくちゃだ。

戦争はその過程もその結果も、人間として最低の行為だ。「無関心」と「分断」、この反省から私たちは、自国第一主義ではなく、グローバルにこの問題に当たるべきだ。イスラエルの歴史学者、ユヴァル・ノア・ハリル氏は「朝日新聞」で「今後、人類は大きな二つの選択を迫られる。一つ目の選択は全体主義的監視か、国民の権利拡大か。そしてもう一つは、ナショナリズムに基づく孤立か、グローバルな団結かである」と語った。恐怖に慄《おのの》き、孤立してはならない。歴史に学び、より良い社会、より良い人間を目指すべきなのだ。

私は経済学者でも政治家でもなく、ヴァイオリニストで、そういった人たちとは少し違った視点で世の中を見ている。優れた経済学者は共産主義、資本主義にかわる新しいシステム、イデオロギーを構築・発案するかもしれないし、賢い政治家は社会のあり方をより良い方向にリノベーションするかもしれない。

一方、残念ながら芸術はほとんど直接的な解決方法とはならない。α波が出てリラックスしてストレスの解消になったり、なんならワインが普通と違う熟成をしてみたりすることもあるかもしれないが、これは芸術の本質とは関係がなく、おそらく科学的な因果関係を発見しうる、ただの物理現象だ。

芸術とは言ってみれば、人の行動原理そのものに影響を与えるものである。しかし、顕在化された作品が、享受する者の潜在意識に働きかけるということは、人は肌感覚では理解しているものの、その重大性は社会で語られなくなってきている。前出したブロック経済において、持たざる国として自国を規定したナチス・ドイツは、党のプロパガンダでリヒャルト・ワーグナーを大いに利用し、熱狂渦の中心点として反ユダヤ主義を掲げた。

芸術とは時に刃を鋭くもしてしまう。スターリン政権下でのソ連で、芸術をコントロールしようとしたのもそのためだ。歴史的に施政者は芸術を手元に置いておくものだ。民主主義のもと芸術を語らなくなるということは、民衆の敗北に近い。

これからまた社会が進み出そうとするその時、「喜びの歌」をみんなでまた歌いたいと思う。

大きく社会が変わる時、一つ一つの我々の行動が、未来を作っていくということを忘れてはならない。

芸術とは何か　Art Origin と Art Expression

芸術とは何か。古代ギリシアの哲学者プラトンとその弟子アリストテレスによって「ミメーシス（模倣）」という概念を成立させ、文豪ゲーテは「花を与えるのが自然であり、それを編んで花輪にするのが芸術である」と言い、不完全性定理の数学者ゲーデルは「数学と同じく情熱、直感、霊感が関与する」と言った。実に、さまざま。

芸術とは何かを語る前に、人とは何なのかを考えねばなるまい。ヒト、つまりホモ・サピエンスの特徴として、脳が顕著に発達していることが挙げられる。これにより、非力なヒト属が外敵からの襲撃に備えるため大規模なコミュニティを形成し、言語や文字を使った高度なコミュニケーションを行うことで、社会性を獲得し、文化・文明を生み出していった。力が弱いから、みんなで固まって協力し合いながら狩りをしたり、集落を作って農業に勤しんだりしたわけだ。

この顕著に発達した脳とは、主に大脳新皮質と呼ばれる部分で、合理的・分析的な思考、つまり知性を司っており、意識的にコントロールできる認知領域となる。この大脳新皮質の発達により認知能力を獲得したヒトは、その後幾度かの技術的・産業的・社会的な革命を経て、コミュニティを現在の複雑な社会へと発展させていく。集落みなで農業をするようになった結果あまり食料に困らなくなり、その副産物として差別やヒエラルキーが生まれ、集落から村、村から町へと大きくなっていく中で、宗教や法律を発明し、そのコミュニティの数を維持しつつ、だんだんに巨大に、都市、国家へと進化していった。

しかし認知能力さえあれば、それがヒトと呼べるのだろうか。分類学上ではそうかもしれないが、それだけではないと思う。私の考えでは、ヒトとは「認知能力と芸術を持つ者」である。芸術はヒトが社会性を獲得していく中でずっとその傍にあった、と言うより、実は認知能力の獲得とともに芸術が発生したのではないかと思う。芸術とは感性、つまり大脳新皮質による認知能力などの意識下の世界ではなく、その内側にある辺縁系や基底核など無意識の領域で発生しているのではないだろうか。

私たち音楽家は、いつもこの無意識の領域を使って音楽性を獲得しようとしている。楽器を扱うこと、例えば音程を正確に取るための運指や、どうやったら効率よく弦を馬の尻尾で擦《こす》ることができるかを考えたり、そもそも楽譜というデータを読むという作業を、意識的な認知能力によって行うわけだが、その目的は、言葉にならない感情や、美そのものの表現など、感性を表出させるためだ。

感性とは、まさに無意識の領域にあり、私はこれをアート・オリジン（Art Origin：根源的な芸術）と呼んでいる。

また、そのアート・オリジンを目に見える形、耳に聞こえる形にすることを、アート・エクスプレッション（Art Expression：表出された芸術）と呼ぶ。いわゆる一般的に芸術と呼ばれるものは、このアート・エクスプレッションだ。

アート・オリジンは本能的な情動・情緒で、全ての人類が持ち合わせているものであると考える。偉大な芸術家と呼ばれる人たちは、それを深く探り入って、つまり脳の奥底にあるアート・オリジンに近づき触れるにつれ、自然との繋がりを感じているようだ。

ブラームスはオーストリア南部のヴェルター湖のペルチャッハで、マーラーもザルツブルグ東方に位置するアッター湖畔の自然の中にある作曲小屋で傑作を生み出したし、ベートーヴェンも自然豊かなウィーンの小径を散歩するのが日課だった。レオナルド・ダ・ヴィンチはいつでも自然を、特に水を注意深く観察し、その研究の成果を絵画にしようとしていたし、彫刻家のロダンは、

「自然をして君たち唯一の神とせよ。彼に絶対の信を持て。彼が決して醜でないことを確信せよ。そして君たちの野心を制して彼に忠実であれ」

という言葉を残した。究極的に全てのアートは自然へと繋がり、ヒトが自然の一部であるということを想起させてくれる。

個人的にではあるが、自然の一部であると感じられる瞬間、自然と同化したその瞬間、ほか

では味わえない、えも言われぬ幸福感に包まれる体験をしたことがある。そこには煩悩もなんの苦しみもなく、あえて言うならば、奇跡を体験している感じだ。奇跡とは私たちが気づかないだけで、世界には、自然の中にはごく当たり前に溢れているのだと思う。そのことに気づくために、感覚を研ぎ澄まさせてくれるのが芸術なのだ。

自然の中にいつでもある奇跡を見つけられなくなった人間は、得意の認知能力を使って自ら奇跡を起こそうという傲慢な態度に出た。自然をコントロールしようとし、自分たちの都合の良いように世界を解釈し、とても狭い視野で社会を構築してしまった。COVID－19にしてもそうだが、現代は複雑で新たな問題が次々と起こり、問題解決も容易でない。認知能力のみでしか捉えてこなかった社会は臨界点に来ている。私たちは、ヒトとなったその時、認知能力の限界、もしくは弱点、危うさを直感的にわかっていたのではないだろうか。本能的な感性（アート・オリジン）が枯れてしまわないよう芸術（アート・エクスプレッション）を発明したのではないだろうか。

今私たちは、根本的な問題解決のスキームを、もう一度考え直す段階に入っていると思う。自然と同化し、自然からインスピレーションを得て、芸術を表出させ、認知能力で解決を図り、そして自然に還す。新しい、しかし人間が本来あるべき全てを包括した円環《リング》に身を置くこと、またその社会を構築することが必要であると考える。

芸術とは至高であるが、それは特別なことではなく、誰もが必ず持つ感性で、まさにヒトがヒトたる由縁なのだ。芸術のない文明は必ず廃れる。

東京大学先端研のヒマラヤ杉　円融無礙《えんゆうむげ》の時代

このアート・オリジン、アート・エクスプレッションは、東京大学先端科学技術研究センター（先端研）に現在私の所属する先端アートデザイン分野を新しく設置するため、走りまわっていた頃に行き着いた一つの概念だ。

先端研の象徴である十三号館時計台は実に美しくデザインされている。先端研の建物は、内田祥三《よしかず》の設計とされているが、実際のところは、丹下健三や前川國男の師である岸田日出刀《ひでと》による設計で、むしろ内田が得意としたゴシック様式とは対をなすモダニズム建築とも言える。時計台も左右非対称で、三階講堂の正面の舞台壁も全体に左に寄っており非対称だ。

そして、この十三号館一番の特徴と言えるのが、エントランスの向かい側にある大木だ。時計台の真向かいにある大きなヒマラヤ杉は、正門から見えるはずのエントランスも、権威の象徴である時計台も隠してしまう。普通の設計ならあまり配置しないのでは、と思われる場所にあるこのヒマラヤ杉の下で演奏をしたことがあるのだが、実に気持ちの良い体験だった。野外の場合、コンサートホールのような反響板がないため、音が拡散してしまって自分の音が聴こえなかったり、観客にも響きの薄い生々しい音が届いてしまったりすることが常なのだが、ヒ

◀東京大学先端科学技術研究センター十三号館時計台。正面にヒマラヤ杉が聳える（提供：東京大学先端科学技術研究センター）

マラヤ杉の下では違った。上から覆いかぶさるように伸びた枝葉に音が反射し、天然の反響板の役割をしてくれて、もちろんコンサートホールのそれとは違うが、不思議な温かみのある音がしたのだ。

　音響設計というのは、かなり科学的に行われ、コンピューター上でシミュレーションを重ね、設計していく。科学自体が自然からたくさんのことを学んだ結果とはいえ、どんなデザイナー、エンジニアがこのヒマラヤ杉のような不思議で複雑で美しい反響板を考えつくだろう。岸田が木の下での演奏を想定していたかはわからないし、杉のほうだってそんなこと知ったこっちゃない、ただ一心に光を集め、大木へと成長しただけだが、時間の経過とともに、自然が科学を凌駕《りょうが》し、すっぽりと覆い、全てを優しく包み込んでいく、そんなメッセージのような気がしてならない。

　先端アートデザイン分野は、先端研内にある、材料、環境・エネルギー、情報、生物医科学、バリアフリー、社会科学の六つの分野を結びつける役割である。目指すのは、「和の感性」を取り入れた持続可能な社会の実現だ。和の感性とは、日本を指す和であり、人を自然の一部と捉え調和する和であり、世界の真の姿は結果ではなく、過程であるという思考そのものだ。故に、科学による最適解のみで世界の謎を解き明かすという西洋的なアプローチだけでは、問題解決を図るのは不可能であるとする立場だ。

西洋文化は、さまざまな異国、異文化を取り入れながら発展してきた歴史を持つが、クラシック音楽の世界でも同じだった。そして二十世紀前後からはかなり明確に東洋思想から直接的・間接的に影響を受けるようになる。ドビュッシーの交響詩「海」は葛飾北斎の富嶽三十六景の「神奈川沖浪裏」から、マーラーの「大地の歌」は唐詩からの影響を受けている。

果てには、ジョン・ケージが仏教学者の鈴木大拙より禅の教えを受け、深くのめり込み作品へと反映していく。代表作の「4'33"」は新古典主義、前衛音楽など、多様なスタイルの作曲法が生み出された二十世紀のクラシックシーンの中でもひときわ異彩を放つ。なにせ奏者が一切の音を出さないというものなのだから、その演奏会の様子は大変奇妙だ。おもむろにピアノの前に座り、ジッと待つこと四分三十三秒、ピアニストが立ち上がり観客に一礼すると、拍手喝采を浴びる、という不思議な光景。

ケージはこの作品の中で、円融無礙の心を表現しようとしたのではないだろうか。つまり、音楽と音楽外の壁を取り除き、完全に溶け合うことを目指した。ジョン・ケージがこの境地に至った文脈はと言えば、西洋音楽の持つ特性である拡張性に端を発する。非模倣主義、つまり先人たちから学び常に進化させていこうとする姿勢の現れとも言える拡張性は、西洋の帝国主義とドンピシャにはまり、世界の民族音楽を次々と呑み込んでいくことになる。日本で言えば、明治維新後に列強から文化的に低レベルであると認められぬよう、一気に音楽を西洋化したわけだが、大正琴などはその恩恵による発明品だ。

我々の言う音楽のほとんどは、西洋音楽のフォーマットで考えられる。ジャズもロックも演歌も全て五線の上で成立する音楽なのだ。そんな拡張性を持った西洋音楽は、十八世紀初めオーケストラという西洋音楽の性質を体現したような演奏形態がハイドンによって確立されたのち、その規模はどんどん大きくなっていく。作曲家が欲しいと思った音を実現させるため、どんどん楽器編成が大きくなりオーケストレーションも複雑化され、それでも足りない場合は新たに楽器を発明してまで、どんどんと巨大化していった。

拡張性は演奏形態のみならず、作曲法そのものにも表れており、調性の拡大と崩壊を経て無調の時代へ、そして容易に五線に書き記せないノイズ音楽など、とどまることを知らず、ついに四分三十三秒の無音の世界、つまり世界全てが一体で、パーフェクト・ボーダーレス、バリアフリーの世界に至ったわけだ。

西洋文化がその性質を持って極限まで到達した結果、禅の境地に至るというのは実に興味深いことで、西洋文化と東洋文化という大きな枠組みさえも、一つの円環として包括的に捉えることができることを示している。そんな特異点的なジョン・ケージの作品ではあるが、それを楽譜という「結果」にしてしまったことで、「色即是空、空即是色」の精神がすっかり抜け落ちてしまっている。やはりこの大きな円環を表現するには、人類はまだ追求せねばならないことがあるのかもしれない。しかしながら、

「論理という項目のもとに私たちが構築している全てのことは、出来事や実際に起きること

にくらべて非常に単純化されたことを表しているので、むしろ私たちはそれから身を守ることを学ばなければならない。それが現代の芸術の役目である」

というケージの言葉を、二十一世紀の芸術家たちは心に留めておくべきだろう。

リモートオーケストラというコンセプト・アート

戦後初めての緊急事態宣言が出される中、年に一度会う青少年オーケストラの子らの顔が浮かぶ。プロとは違い、青少年オケのリハーサルは数カ月に及び、今年卒団のメンバーは何年も一緒にやってきた仲間との別れが唐突に引き裂かれる形になってしまう。どれだけやり場のない気持ちになっているか、容易に想像がついた。しかし彼らにしてやれることは、自ずと限られており、やはりオンラインでもってリモートオーケストラをやろうとするしかなかった。

過去にインターネットやその他の通信機器を使ったアンサンブルはいくつか存在した。長野オリンピックで小澤征爾氏指揮による「第九」や、古くは、「音楽界の帝王」と呼ばれた指揮者カラヤンと鬼才のピアニスト、グレン・グールドが電話を使ってピアノ協奏曲を演奏しようとした（こちらは、二人の関係が悪化したため実現には至らず）。しかし、リモートオーケストラという新しい試みが、これだけ急速に世界で発信されるようになったのは、やはりＣＯＶＩＤ－19によるところだろう。

実のところ、コンサートのWeb配信や、リモートオーケストラにはあまり乗り気ではなかった。音楽がしたいと思っていたからだ。現代音楽作曲家の三輪眞弘《まさひろ》氏の言葉を借りると、「音楽」と「録楽」というものは全く別物だ。録楽とはレコーディングされて保存されたデータを再生機にかけて機械が演奏するというもので、つまりレコードやCDのことだ。

一方、音楽とはもちろん生演奏によるものということになる。三輪氏は、録楽はどんなにテクノロジーが発達しようとも音楽に代わることはないという立場で、私も概ねそこに賛同する。誤解のないようにいうと、音楽と録楽はどちらが優れているという話ではなく、どちらもその独自の芸術性を有する、違う形のあり方だ。

リモートオーケストラは、演奏者は機械ではないが、発せられる音はやはり機械を通しており、記録・再現できるものであり、やはり録楽の一つだ。そもそもリモートオーケストラとは、自宅もしくはスタジオなどでそれぞれの奏者が映像を収録し、その後データを合わせて一つの映像にする。

オンライン・ミーティング・アプリやテレビ電話機能などを使って完全にライブでアンサンブルするのは、タイムラグの関係で現代の科学技術では不可能だ。どんなに最新のアプリでも、ジャンケンしてみたらいつでも相手は遅出しするので、すぐにそのタイムラグを実感できる。よって、別撮りしたものを後で合成するわけだが、それぞれの奏者が一人自宅で、相手の音を聴かずに弾くわけなので、何か指針になるテンポがないと後の編集ができない。そこで、クリック音と呼ばれる、イヤホンから流れるメトロノームを聴きながら個別に演奏するわけだが、今回我々のプロジェクトに限っては、これをしたくなかった。音楽的なテンポとは、常に流動的で、それは人間の鼓動のように微妙に揺らぐ。メトロノームはこの生きたテンポが再現できないし、何より機械の支配を受けて弾いているようで、子どもたちにそういう体験はさせたくなかった。

そもそも音楽以前に音とは空間と時間そのものであり、文筆家・文化芸術プロデューサーの浦久俊彦《うらひさ》氏によると、その起源はもしかしたら宇宙の始まりであるビッグバンまで遡れるかもしれないという。宇宙空間はほぼ真空なので振動するものがなく波動としての音は伝わらないのだが、それはビッグバンから一三八億年経って宇宙が膨張するにつれあらゆる物質が拡散したからであって、宇宙誕生の瞬間は超高密度の空間だったはずで、何かしらの波動が起こり得る。バーン！と音をたてた可能性は十分にあり、人よりも星よりもずっと以前から音はあった。

音楽とは音の集まりで、それは空間と時間とイコールであり、私たちは「時間芸術」と呼ぶ。過去に作られた楽譜というデータを元に、音楽が形作る未来を見据え、音を発した瞬間にそれはまた過去となる。この不思議な円環ともいえるプロセスは、音楽の一つの真実であり、それ以外を純粋に音楽として捉えることは嘘をつくことになる。

人間はどうも「何か」を残そうとする習性があるらしい。子孫、自らのアイデンティティ、文字、書物などのデータ、芸術作品。だが宇宙の本当の姿は、常に変化する保存不可能な時間とその双子とも言える空間そのものなのだ。

リモートオーケストラの作品を作る時、クリック音がない状況でやることは非常に難しい。我々がやったベートーヴェン交響曲第五番「運命」は、当時まだ世界で誰もやっていなかったのではないだろうか。周りに人のいない、呼吸の読めない状態で、どれぐらいの演奏ができるのか、弾き切ったとしてもそれを合成できるのか、完全に未知の世界だった。

しかし、そこにあえて挑戦する、しかもベートーヴェンのような、常に過去の自分を乗り越えようとする強靭な意志の持ち主が遺した作品でもって、そのチャレンジングな表現をすることに大きな意味があった。いわば、リモートオーケストラというコンテンツを使ったコンセプト・アートを生み出そうとしたわけだが、厄介な問題がいくつも生じることになった。

テクノロジー的なことは、この際できる・できないがはっきりとしているので、大して問題にはならなかった。一方で、各奏者のぬぐえない孤独感、アンサンブルはコミュニケーションであるという実感の喪失、困難なミッションを遂行するためのモチベーションの維持など、むしろ人間的な問題が多く生じることになる。結果、自閉的な演奏になってしまうということだ。画面の向こうにいるほかの奏者への思いやりや、連帯感を持つことが、特に困難な状況の時にこそ必要であると思われた。それは何もオンラインや仮想現実の中だけの話ではないだろう。他者を想像できることはヒトが持つ大切な能力の一つだ。

「運命」の曲の構造と同じように、一つ一つの小さなピースが重なり、果たして、完成した作品はもちろん純粋な音楽とは言えないわけだが、芸術がテクノロジーに支配されてはならないこと、そして文字通り生きた音楽、命のある音楽を制限された環境の中でも失ってはならないこと、生物にとって命とは時間と空間との間にある緊張感であり、その緊張状態こそが生きているということの証である、というメッセージを残せたのではないか。

感性の時代

梅雨の最中、先端研と連携している和歌山県の高野山にラボのメンバーと訪れた。高野山と言えば空海の真言密教による日本有数の宗教都市だ。高野山ではそれまでにない体験をいくつもすることになる。

例えば、奉納演奏をした丹生都比売《にうつひめ》神社でのセミの声との調和は、バッハの無伴奏曲の演奏に新しいアイデアをくれた。半野外での演奏のため、セミの声や風の音のする中で演奏したわけだ。その時弾いたラルゴは、無伴奏なだけにその旋律線に伴う伴奏とのハーモニーを想像しながら聴くこともできる曲なのだが、私が一人練習部屋で想像しうる和声とは全く違ったハーモニーを生み出した。楽譜に書き出すことも可能であろうが、実際的に譜面上のハーモニーというよりは、自然としてのセミたちと、自然としての自分が共鳴するように感じた。

セミはその一生のほとんどを幼虫として暗い暗い地中で過ごし、三年から十数年経ってやっ

◀丹生都比売神社（和歌山県）

と地上に這い出てくる。それから二週間ほど懸命に鳴くわけだが、これはオスがメスを誘惑し繁殖するためだ。命を繋げようとする、ある意味一途なその行為は、凄まじいリビドーのエネルギーに満ちている。

　緊急事態宣言が解除された数日後、本当に久しぶりに外に出た時、街の人々がいろいろな格好で歩いているのを見て、これが文化だよな、と得心したのを思い出した。服を着るということは、寒さや強い日差し、乾燥などから身体を守るために発明されたのであろうが、さらにヒトはそこにオシャレさを付け加えた。原始のうち、オシャレさは孔雀の羽のようにやはり異性を誘惑するため、もしくは権力の誇示の要素が強かったはずだが、それをより発展させ、自己表現として、つまりファッションとして衣服を纏うようになった。まごうことなき、ファッションは文化である。人はやはり文化の子なのだ。では、セミや孔雀とヒトが、同じ自然の仲間として紐づけられるために必要なことはなんだろうと考えた時、それはやはり文化の芯としての芸術なのかもしれないとも思った。

　丹生都比売神社を後にし訪れた金剛峯寺《こんごうぶじ》の奥之院、弘法大師御廟は、神秘そのものであり、真言密教に感覚的に触れる絶好の機会となった。そもそも金剛峯寺の壇上《だんじょう》伽藍《がらん》も、金剛峯寺が在る高野町も、実は大きな立体曼荼羅になっている。

訪れるだけで何か霊感を得られそうなその宗教都市の一番奥、一之橋からのおよそ二キロにおよぶ奥の院への道すがら、金剛峯寺第四一二世座主、松長有慶《ゆうけい》猊下から教えていただいた話を思い出していた。真言密教の曼陀羅にはチベット密教の曼陀羅にはない「石」が書かれているという。草木を含む生物には、DNAが存在し、その塩基配列次第では私たちはミジンコやティラノサウルスや、薔薇の花であった可能性もある。しかし、空海は生物に加え石など無機物にも仏性が宿るとした。つまり、代謝し、複製を生み出したりするという特徴をもつ生物だけではなく、無機物にも仏が宿るとしたのだ。

確かに原子や分子レベルまで掘り下げていくと、生物も非生物もその根っこは同じところだ。これを仏教では「一即多、多即一」と言う。

チベット密教の真髄を持ち帰り、日本でそれを布教する上で土着の神々などのアニミズム、山岳信仰を取り入れた。ある種のアカルチュレーション、つまり異文化同士が相互に影響しあった上での変容を、教祖として一個人が行うという離れ業をやってのけただけでも、空海はやはりただ者ではない。

世界は包括的であるという思想は、古今東西で見つけることができる。宇と宙（空間と時間）、天地人の調和を説く古代中国の思想や、全宇宙との調和を最重要視し、ラーガと呼ばれる規律からなる音楽を用いて、魂の自由を求めたインド哲学。

◀ラファエロ・サンティ作
「アテナイの学堂」（1509−10年）

面白いことに、古代ギリシアの数学者ピュタゴラスも、全宇宙は調和すると説き、ピュタゴラス教団を作り、数字を使ってそれを成し遂げようとした。ルネサンス期のフィレンツェ、レオナルド・ダ・ヴィンチは「岩石は骨であり、川は血液である」と語っており、風景画にも常にこのようなイメージを含む。レオナルドは地球を一つの大きな生命体であると考えていた。私自身はこの「生命体」という言葉のほうがしっくりくるが、言葉は違えど全てを包括的に捉えるそのスケール感、感覚的な意味合いとともに、空海とレオナルドは同一のイメージを抱いていたのではないだろうか。

レオナルドから直接的な影響を受けたラファエロ・サンティの代表作、バチカン教皇庁内の「署名の間」にあるフレスコ画「アテナイの学堂」の中央に、プラトンとアリストテレスが描かれているが、プラトンのモデルはレオナルド・ダ・ヴィンチとされる。ほかにも当時存命だった人物をモデルとし、古代ギリシアの学者に当てはめて描かれている。彼らは自らを「哲学者」と呼んだが、過去と現在を結びつけたこの絵を見ても、当時は科学も芸術も全て等しく包括的に論じていたであろう。現代に必要なことはまさにこれではないだろうか。

科学技術の発展は、体系化され蓄積された人智により、一人の人間の一度の人生では、とてもではないが網羅できない広がりと深度を獲得している。各分野の専門性が高まり、細かいジャンルに分かれていった。それぞれのジャンルで最適解を求め、論理的な認知能力で世界の謎を解き明かそうとしたが、これはいわば近代西洋的な問題解決スキームで、途中まではかなり上手くいっていた。たくさんの問題を解決し、安全で多様な社会を構築できたかに見えたが、しかしこれはあくまで人間本位に世界を眺めただけで、真の包括的な多様性とは質の違うものであった。真に包括的であるというのは、空海の言う「一即多、多即一」そのもので、地球、宇宙、全てを内包するスケールだ。人間本位に対して自然本位なこの視座は、たくさんの解決困難な問題が表出してきてしまった現代社会で声高に論議されるだろう。

世界とは、論理的な認知思考、最適解の集積であるという時代は終わりを迎える。もう少し正確に言うと、最適解のみによって形作られる時代は終わる。最適でない曖昧な解こそが真実だという話ではない。解はどこまでも精確に、その法則の中での、体系化された中での無矛盾をとことん追求するべきだからだ。

エントロピー増大の法則を、社会に当てはめる

十九世期中頃、ドイツの物理学者ルドルフ・クラウジウスが唱えたエントロピーという言葉は、無秩序な状態の度合いを表すもので、無秩序な状態ほどエントロピーは高く、秩序立って整然としている状態はエントロピーが低いと表現される。エントロピーは、低いほうから高い

ほうへと一方向にしか変化せず、これをエントロピー増大の法則という。

例えば、水槽にインクを垂らすと拡散して、何か手を加えない限り元に戻ることはなく完全に混ざってしまう。これはエントロピーが増大した結果、もうそれ以上変化できない平衡状態になることを示しており、閉じられた環境下ではエントロピーが極限に達する、つまり秩序が完全に崩壊すると平衡状態になり、それ以上のエネルギーの動きが止まることになる。

エントロピーの概念は熱力学に始まり、統計力学、情報理論などに応用されていくが、量子力学の有名な思考実験「シュレーディンガーの猫」のエルヴィン・シュレーディンガーが分子生物学の扉を開けるきっかけとなった名著『生命とは何か』でも引用し、考察している。

先述のように、物体は何も作用しない閉じられた状態では、エントロピーが増大し崩壊を得て平衡状態に至るが、生物は閉じられた存在ではなく、例えば捕食をしたり、常に外部環境とエネルギーの交換を行っており、エントロピーの増大をさせず、生命維持のシステムに秩序を与えているとした。これを負エントロピーと言い、負エントロピーが極限に達すると、これまた崩壊し平衡状態となる。つまり開かれた状態でエントロピーと負エントロピーによって秩序と無秩序の絶妙のバランスを保ち、新陳代謝というサイクルをグルグル回しながら生存している。

そう、この開かれた状態でのバランスこそが、私たちの未来のキーワードとなる。ヒトはもちろん生物であり、体内で常に秩序と無秩序の平衡状態をアップデートしながら生きているわけだが、これを人間が作り出す社会に当てはめてみよう。

現代社会は、科学技術の発展とともに「解」を集積してきたわけだが、生きた社会、生物としてヒトが存在できる社会を構築するには、解と同量の「問」が必要ということになる。ここで言う「問」は、解とセットの、またはセットと思われる問ではなく、問うこと自体を指し、そこに解はない。

さて、ここで芸術の出番だ。解を持たないものが問であるとしたら、解を持たない芸術は問であると言える。芸術に「Why?」は禁物というが、正確には「Why? Because,」が禁物なのであって、芸術とは「Why?」そのものだ。

問と解のバランスを保ち続けられる社会を作ることができれば、人類は社会という環境を崩壊させることなく生存できる。解というエネルギーを注入し続けることでエントロピー増大の限界値を上げることもできるかもしれないが、宇宙にあるエネルギーは定量で無限ではない。これはいつか大きく崩壊することを意味し、解決不能な延命であり、得策ではない。やはり問うてバランスを保つことでのみ、人間の社会は存続し得る。

これが本当の持続可能な社会のあるべき姿であろう。社会が認知科学的に発展すればするほどに、芸術という、よくわからない、体系化どころかその本質である感性は認知することもできない、そんな摩訶不思議な存在が、さらに重要性を帯びることになるのだ。

我々はどこに立ち戻るべきか？　つまり、我々はどこから来たのか？　古来、人類に課せられた、もしかしたら人類最初の「Why?」だった可能性のあるこの問。芸術が教えてくれるのはこの問そのものでもある。現代において私たちは、認知能力だけで構築されがちな社会という、閉じられた状態から抜け出し、感性を開き、芸術を表出させ問い続けるべきだ。

社会と芸術のリバランス

社会と芸術の良好な関係とは、何なのだろうか。そもそも最適なバランスというものが存在するのか。

社会とは、とどのつまり自己と他者で成り立つ。生物が進化する過程において、自己の複製物を作り続けるだけのシンプルな生物は、進化のスピードが遅く、環境の変化に適応する力が弱かった。自分とは異なる個体と遺伝子を掛け合わせ融合することで、自分とは異なる個体、つまり多様性を生み出し生き残った。その進化の先に動物や植物が存在しているわけだが、別々の個体が集まって協力、共生するために、自己と他者との間で相手を理解しようとする行為、つまりコミュニケーションをとることになる。

コミュニケーションをとる道具はさまざまで、植物の場合はそれぞれの個体から波動のようなものが出て、お互いの位置関係を感じ取り、お互いの葉で日光を遮らないように、それぞれのテリトリーに浸食することを避ける種もいるようだ。この波動はもちろんヒトには感知するセンセーはついていない。もしかしたら太古の昔、紅天女の阿古夜《あこや》のように植物とコミュニケーションを取っていた可能性もあるが、少なくとも現代人はそうそんな能力は持っていないだろう。

動物になるともう少し理解しやすくなる。例えばカバは糞を撒き散らして縄張りや水飲み場への道を確認したり、燕の雛はお腹を空かせるほどに口を大きく開け、親鳥は一番口を大きく開けている我が子に餌を与えたりする。ヒトも持ち合わせる嗅覚や視覚といったセンサーを使ったコミュニケーションだ。

現代社会でのコミュニケーションはどうだろう。もちろん嗅覚、視覚だけでなく五感を使ってコミュニケーションもとるが、そのほかに認知能力を使って、「情報」という実体のないもの――ユヴァル・ノア・ハリル氏著の『サピエンス全史』からの言葉を借りれば「虚構」――をやり取りすることがコミュニケーションの大部分となっている。

例えば、文章は実は全て虚構だ。「東の山で苺を摘んで、美味しくいただいた。明日はみんなで行ってもっとたくさん摘もう」という文章から、東の山に苺があるらしい、あいつはビタミン豊富な苺を摂取して今すこぶる調子が良いらしい、などの「情報」を得ることができるが、目の前に苺があるわけでもないし、「あいつ」の胃の中を見て消化中の苺を見たわけでもないし、なんならビタミンも見たことなければ、それが健康維持に必須であることも、文章というし、虚構の上でしか認知できない。全ては虚構であり、コミュニケーションにはその虚構を信じるというヒト特有の能力、他者との信頼関係が必要になってくる。

人間社会というものが成立してからというもの、信頼関係を構築するにあたり、その時々で媒体となるものがあった。それはアニミズム的な神であったり、宗教であったり、国家であったりした。現代においてのその最たるもので、もっともパワフルな媒体は、お金、貨幣だろう。貨幣は人間社会の経済の主役となり、自由経済、市場原理主義に至るわけだが、これは究極的に勝つか負けるか、もっと言えば殺すか殺されるかということであり、一番わかりやすく解の出るものだ。解が出るとは認知できるということであり、万人に説明し、納得と同意を得られることでもあるのだが、果たしてヒトとは殺すか殺されるか、◯か×かという単純な生き物なのだろうか。

もしこのクエスチョンに対してイエスと言うならば、それは錯覚であると誰しもが言うだろう。市場、経済のみならず、貨幣自体も虚構だからで、認知できるコミュニケーションツールである「情報」の本質も虚構だからだ。

ヒトは常に「よく分からないもの」とともにあった。アニミズムの世界では土着の、風土に根ざした神が存在し、それぞれの生活環境の中にたくさんの神が存在した。落雷はカミナリ様のお叱りであり、不作の年には裏山の滝壺に住む龍神様に生贄《いけにえ》を捧げた。なぜそうなのか解の出ないものは、精霊か神様のせいにしたわけだ。

その後、文字が発明され、文字通り「文化」をともなうようになった社会で、ヒトが扱う情報量は飛躍的に増し、またその情報の共有方法も変わっていった。科学が発達し、カミナリ様の正体を突きとめ、滝壺に人を突き落とすことをやめた。宗教も国家も結局はこのような情報（虚構）の集まりであり、「よく分からないもの」の表現はだんだん変容していった。芸術とはこの「よく分からないもの」の表現方法の一つにほかならない。

何度も触れてきたが、近代以降の社会は解の集積である。これは、解のないものは情報として受け入れられないという意味でもあり、信頼に値しないものとしてレッテルを貼られ、現代の信頼できる虚構構築システムから弾かれる。

そして現代、インターネットによる情報革命が起こり、それまでヒトが扱ってきた情報量がなかったことにされるぐらいに、その量は爆発的に増えた。そのため、より強固な虚構構築システムが敷かれると予見され、ますます○か×かの殺伐とした世界になるかもしれない。「よく分からないもの」としての芸術は、この強固なシステムに対抗し、世界は○×だけではないことを示さねばならない。これが社会と芸術のリバランスである。

もしかすると、芸術ではなく全く違う表現方法、違った名称となるかもしれないという意味で、芸術は滅びるかもしれない。しかし、それは人類が辿ってきた道であり、その変容を必要とするほどに、現代の情報革命はインパクトが大きい。

情報を扱うのが理性であるとしたら、芸術とは感性である。つまり社会と芸術のリバランスとは、理性と感性のリバランスということだ。この両者は定量的にも定性的にも比較できないので、結局のところバランスが崩れた時に立て直していくしかない。何をもってバランスを崩したとみなすか、という問題は、両者がクロスオーバーする瞬間が必ずあるはずだ。つまり、知見的にも感覚的にも、私たちの生きる社会が持続不可能であると判断した瞬間だ。この交差点は決して見逃してはならない。

現代社会は持続可能だろうか？　理性でのみ世界を捉え、自然をコントロールすることだけに注力することで、本当に問題が解決できるだろうか？

感性を研ぎ澄まさねばならない。そして、舞台の幕が上がるように、感性の時代の幕を上げようではないか。

【参考文献】

『ジョン・ケージ　小鳥たちのために』ジョン・ケージ／ダニエル・シャルル著、青山マミ訳、青土社、一九八二年

『ゲーデルの哲学——不完全性定理と神の存在論』高橋昌一郎著、講談社現代新書、一九九九年

『ゲーデル、エッシャー、バッハ——あるいは不思議の環』ダグラス・R・ホフスタッター著、野崎昭弘／はやし・はじめ／柳瀬尚紀訳、白揚社、二〇〇五年

『憂鬱と官能を教えた学校——〈バークリー・メソッド〉によって俯瞰される20世紀商業音楽史』菊池成

孔／大谷能生著、河出書房新社、二〇一〇年
『音楽の科学――音楽の何に魅せられるのか?』フィリップ・ボール著、夏目大訳、河出書房新社、二〇一八年
『138億年の音楽史』浦久俊彦著、講談社現代新書、二〇一六年
『近代科学の形成と音楽』ピーター・ペジック著、竹田円訳、NTT出版、二〇一六年
『サピエンス全史――文明の構造と人類の幸福』上・下、ユヴァル・ノア・ハラリ著、柴田裕之訳、河出書房新社、二〇一六年

【II】感性の対話

音楽は自分自身が誰かということを聞くこと

対話者▼アンドレア・バッティストーニ氏 Andrea Battistoni
東京フィルハーモニー交響楽団 首席指揮者

一九八七年、イタリア・ヴェローナ生まれ。二〇一三年、ジェノヴァ・カルロ・フェリーチェ歌劇場の首席客演指揮者、二〇一六年十月、東京フィルハーモニー交響楽団の首席指揮者に就任。スカラ座、ヴェニス・フェニーチェ劇場、ベルリン・ドイツ・オペラ、スウェーデン王立歌劇場等、サンタ・チェチーリア国立アカデミー管、イスラエル・フィル等、世界の主要歌劇場・オーケストラと共演を重ねている。国際的に頭角を現している同世代の最も重要な指揮者の一人と評されている。著書＝『マエストロ・バッティストーニのぼくたちのクラシック音楽』音楽之友社、二〇一七年

［対話：2019・4・13 東京オペラシティ 通訳・井内美香氏］

指揮者とは何か

近藤——今回の本は、そもそも僕が三年前に「西日本新聞」で連載していたエッセーがもとになっています。このエッセーのテーマは、音楽と社会との関わりを音楽家の立場から言及してみようとしたものです。音楽は言葉にしづらいですし、演奏したらすぐに消えてしまうものですけれども、それを文字として残してみようという試みからスタートしました。そのエッセーの話題をもとに、今日は東京フィルハーモニー交響楽団首席指揮者のアンドレア・バッティストーニさんと一緒に語り尽くしたいと思います。今日はたくさんのことを聞きたいので、どうぞよろしくお願いします。

では早速。指揮者とはどんな仕事なんでしょうか？

バッティ——最初から大きい質問にきましたね（笑）。

近藤——大き過ぎましたか（笑）。ではまず、指揮者を目指したきっかけを伺いましょうか。

バッティ——いいえ、最初の質問でいいんですよ。すごく面白いと思いますから。指揮とは何だろうという命題を考えないといけない質問は、面白いと思います。

まずは、指揮することとは何か。そう自分自身に問いかけて最初に出てくるのは、表現すること、すなわち、自分自身を表現する手段であるということです。

私はオーケストラはいつも楽器だと思っています。それもたくさんの楽器ではなく、一つの楽器として捉えています。自分自身がその楽器を演奏できることに、すごく魅了されています。そこが指揮の魅力だと思っています。ピアニストにとってのピアノ、ヴァイオリニストにとってのヴァイオリンと同じように、指揮者にとってオーケストラは一つの楽器なのです。ですから、指揮者が偉大で自分の楽器を知り抜いていれば、素晴らしい音楽ができて、それが自分自身を表現することになるのです。

近藤――なるほど。バッティが振るとオーケストラが面白いようにまとまっていきます。もちろんあなたがパワフルだということもあると思いますが、一つの楽器であるという感覚が秘密かもしれませんね。

バッティ――そして、とても大切なポイントは、指揮者は他の人たちと一緒にやる仕事であるということです。他の人と一緒に奏でるというところが、すごく好きなところです。例えば、チェロを一人で人前で演奏することを好きだと思ったことはないんですよ。自分にとって困難が大き過ぎるからかもしれませんけどね(笑)。

近藤――アハハ! バッティは指揮者になる前はチェロを専攻していたのでしたね。他の人たち

と一緒にやる、つまりコミュニケーションが大切であると。

バッティ――他の人たちと一緒に音楽をやることとは、自分の内面をすごく豊かにしてくれると思っています。コミュニケーションの手段として、非常に深いものがあると信じています。それはまさに、言葉を通じたコミュニケーションではないからです。それはたぶんコンサートマスターのカオルも感じているのではないですか？　同僚や指揮者とコンタクトする時に目つきや動作で、まさに音楽的に交流しているわけですよね。

近藤――もちろんそうです。他のプレイヤーたちもそうでしょう。あらゆる瞬間に言葉を使わない交流をしています。送信アンテナも受信アンテナも目一杯立ててね。

バッティ――指揮者がオーケストラと何かを成し遂げようとする時、一番いい関係、言葉なしに成し遂げられる関係である時に、一番良いものが出てくるのだと思っています。

最初にご質問いただいた指揮者の仕事について。説明できないことを音楽で明確に示すということ。指揮者として理想的なのは、音楽を言葉ではなく、ゼスチャーなどで伝えることだと思っています。もちろんリハーサルの時は途中でいろいろ説明することができますけれど、コンサート本番では途中で止めて話をすることはできませんから、目つきやゼスチャーでそれを伝えていきます。自分はそういうことをするのがすごく好きなんです。そういう風にお互いに音楽を理解しあえていくことが一番いいと思っています。

近藤――指揮者の仕事をするうえで重要に思っていることは何でしょう。

バッティ――指揮の仕事ですごく重要に思っていることは、楽譜（フルスコア）を勉強することです。

私たちの一つの贅沢なこととしては、毎日一つの楽器だけを勉強しなくてもよいということ。その限界がないことが指揮者という仕事のとてもいいところだと思っています。私たち指揮者の責任は、オーケストラが演奏をする楽譜をできるかぎり、自分の限界まで勉強しなければならないことです。

ゼスチャーがクリアであることも大事ですが、やればやるほど、私が指揮者にとって一番大事だと思うことは、楽譜から自分の得たい音楽を知っていること。だからこそ、ゼスチャーが必要になってくる、ということです。

近藤――なるほど、つまりタクトを振ること自体に意味があるわけではなく、その前の勉強で何を得られるかが重要であると。

バッティ――その通り。日本でもそうかもしれませんが、特にイタリアではよくあることで、ゼスチャー、例えばアタックの時タクトをどういう風に示すかとか、タイの時はどういうゼスチャーをするとか、そういうことを気にする場合があります。拍子をきちんとコントロールするとか。それは、才能が必要な部分もあるでしょうけど、そういうことよりも、音楽の内容をよく知っていることの方が大事です。そこは経験によって培《つちか》われていくものだと思っています。

近藤――楽譜というものは記号が並んでいるわけですよね。それを隅から隅まで勉強して、ゼスチャーをして、楽器たちが音を出したりするところに、すごく深いコミュニケーションというものが生まれる。僕もいつもそれを感じて演奏をしているんですけれど、そういうことが行われているということは、一般の人からすると全く信じられないことでしょうね、きっと。ほとんど神秘的でしょう。そういう不思議な現象が起こっているということを、コンサートホールで目撃してもらうところに一つ醍醐味があるのかなと思います。

オーケストラという楽器

近藤――先程、オーケストラは自分の楽器のようだとおっしゃいました。どの楽器をやる人もみんなそうなんですけれど、楽器が体の一部になるように練習をしていきます。オーケストラもやはり、自分の体の一部のようになるのでしょうか。あなたはそれができる人だと思いますけど、そういう感覚になりますか?

バッティ――そうですね。オーケストラが自分を延長した部分、自分の一部分と感じられることはすごくあります。私たち指揮者の問題は、若い指揮者がキャリアをスタートさせた時に、自分の家にオーケストラがないということです(笑)。ピアニストが楽譜を見て、頭の中で考えて、コンサートの二日前からピアノを触っているという状況と一緒なので(笑)。

近藤――言われてみればそうですね（笑）。なんて恐ろしい！

バッティ――ですから特に初めての曲を演奏する時は、指揮者は短い間にたくさんのことを理解していないといけません。最初に指揮をする時に一番問題が大きくなる理由は、自分のゼスチャーが相手からどういう音になって返ってくるかわからないからです。リハーサル前にはそれを一度も経験していないからです。

近藤――初めて行くオーケストラなんか特別難しいのでは？

バッティ――そうですね。演奏者、つまり楽器になってくださる人たちを知らないので。他の人たちと一緒に演奏する仕事ですから、人間的・心理的な関係がやはり根源にあります。エネルギーのレベルとか、どのくらい相手に要求していいのかとか、どういう風にリハーサルを進めるかとか。

もちろん、スタンダード、典型的なやり方はありますけど、やはりオーケストラごとにいろいろカラー、性格が違っていますから。ピアニストで言うと、毎回違うピアノで演奏するだけではなく、鍵盤が毎回違う場所にあるピアノで演奏をするくらい、オーケストラは違っているんです。黒鍵と白鍵の順番が違うなとか（笑）。最初の十分間でその新しい楽器とどうやっていくかを探さなければいけません。十分以上は無理ですね。最初の十分で理解できないと、問題発生になります。

近藤――ああそう！　最初の十分か。それは凄いですね。バッティもそうだけど、すごい指揮者は練習場に入ってくるだけで空気が変わる。もうそこから精神の交流みたいなものが始まっているんだね。

バッティ――管のセクションに対する最初のアタックとか、弦のピチカートとか。発するエネルギーをどれくらい増すか、減らすか。うまくいかない場合は、ほとんど指揮者のせいなんですよ。指揮者が指示を変えなければいけません。オーケストラはいつも一緒に演奏をするメンバーですから、自分たちの癖は自分たちでよく知っていますからね。指揮者はオケがどのように機能しているのか、人間関係とか、どの人が一緒にコラボレーションをして自分を支えてくれるのか、誰が私の言うことを聞きたくないと思っているのかとか（笑）。それがわかれば、その人たちと話をして、相手を理解しなければいけませんし。

私は毎日の生活においても、人と対立することを好みません。まして、仕事においてはなおさらです。人間ですからね、その日仕事場に来る前に嫌なことがあったかもしれないじゃないですか。奥さんと言い争いをしたとかね（笑）。食べたものの消化が悪いとか。何か間違えたとか、これが間違ったとか。そういう時に、指揮者が「おまえ、間違えただろう」という立場であるとは思っていないです。指揮者は、音楽がいい形で提供されるように、できるだけのことをしてみんなをまとめていく立場だと思っています。

リハーサルをより興味深くするにはどうするかとか、そういうことはいつまでも勉強ですよね。エネルギーの配分であるとか、そのやり方、どういう順序でやるかということも、これから先もずっと学んでいかなければならないと感じていますね。

近藤――最初のリハーサルが、コンサートマスターとして一番緊張しますが、たぶん指揮者もそうなんでしょうね。ほとんどの奏者は本番が一番緊張すると思うんですけど。コンサートマスターはちょうど間にいるような立場なのかなと思います。ですから、最初のリハーサルの前の日は眠れなかったりとか。

バッティ――アハハハハ。

近藤――コンサートマスターと指揮者はどんな関係？　また、どういう関係が理想だと思われますか。

バッティ――やっぱりコンサートマスターはオーケストラ全員、なかでも特に弦を率いる立場だと思います。他の楽器のことを低く見るわけではありませんが、やはり弦楽器はオーケストラのベースになる存在だと思うんです。位置的にもコンサートマスターが自分の近くにいますから、その彼が弦楽器群を導いてくれるわけです。

イタリア語ではコンサートマスターのことを「カタ」と言います。そのカタの後ろに弦楽器群を従えていて、自分との間のシナプスになってくれて、理想を実現する役割を担ってくれています。で、指揮者の指示がテクニカルなことだけでなくて、どのように詩情あふれるかとか、感情的なこともありますよね。それを弦をメインとした全員に伝えてもらうために、お互いに尊敬しあう穏やかな関係であることが理想的です。だいたいオーケストラのメンバーは指揮者の言うことよりもコンサートマスターの言うことのほうをずっとよく聞きますしね（笑）。

近藤――（笑）。そんなことはないと思いますけど（笑）。

バッティ――アハハハ。

日本での仕事

近藤――バッティはイタリア人なわけだけれど、日本人と仕事をすることについてどう考えていますか？

バッティ――指揮の仕事をしていて、日本のオーケストラを知ったことは、自分のディメンション、つまり奥行きにすごく広がりを与えてくれたと思います。たくさんのことを学んだと思っています。

ヨーロッパ、特にイタリア人の考え方は個人主義なんです。物事の考え方として。ですから、他人と一緒に演奏するのは、イタリア人にとってすごく難しいことなんです。音楽院でも、ソロで演奏することを学ばせますし、室内楽をやったとしてもヴァイオリンとピアノだけとか、そういうのが主です。オーケストラや合唱のレッスンはそもそも少ないです。しょうがないからやろうという感じでやるくらいです（笑）。

そういう教育を受けていますので、プロになってオーケストラで演奏する時も、やはり個人主義的なんですね。リハーサルというのは、まず一緒に演奏することをリハーサルしないといけないところからスタートしなければいけません（笑）。イタリアでのリハーサルには「楽譜を読むリハーサル」という名前がついています。ということは、人々は一日目に来た時に、誰も楽譜を読んでいないわけです。リハーサルには「今日は何を演奏するの？」という感じでやってきます（笑）。

近藤——誰も読んでいない（笑）、それは大変だ。

バッティ——もちろん全員ではありませんよ。でも、オペラだと特にレパートリーでも「えっと、なになに？　今日はヴェルディ？　プッチーニ？」なんていう人もいます。だから、リハーサルでやる内容が、イタリアと日本ではすごく違うんです。

イタリアでは練習の過程がすごくたくさん必要なんですけれど、歌劇場は国立なのでリハーサル時間はすごくたくさんあるんです。ですから、一日目は悲惨という感じですが、本番までには五日間ぐらいあって、二日目以降はだんだんできてきたじゃんという感じになって、最終的にはもちろんプロとしての仕上がりになるんですけれども。

ヨーロッパでは、その後ホールでのリハーサルがあるので、コンサートの本番でやっとオケが出来上がるということが起こり得るわけです。お客さんが入ると、みんな感情が豊かになったりしますし。リハーサルではやる気がなくてもね。リハの間に緊張感を保つことが難しくて。みんなを惹きつけて、のってこさせないといけない。

近藤――日本の場合はかなり予め準備ができている状態でリハがスタートしますよね。でも、もしかしたら、進化が物足りないんじゃないですか。本番でしか起こり得ないマジックみたいなものも。

バッティ――そうなんです。そこがある意味挑戦なんです。最近は音楽家の皆さんにも伝わっているかなと思うことがあって。例えば、よく弾く演目の時の初日のリハーサルは、技術的にはこれでいいという完成されたレベルになっている。ここはもうちょっと聴き合ってということぐらいで。有名な交響曲だと皆さんご存じですから、問題ないよねと。でもそこで、皆さんも自分自身も、これは大丈夫だと満足してしまわないようにしたいんです。

近藤――そうですよね。コンサートマスターもそういう仕事だと思っています。

バッティ――出発点がすごくいいレベルだからこそ、もっともっとできることを望みたいんですよね。安全を少し壊してでもね。

近藤――そうですね、わかります、それ。安定しすぎているものをあえて壊す。

バッティ――皆さんプロですから、そこで何かより興味深いものを一緒に探したいんだということを特に思います。そしてお客さんがいる時に、いい雰囲気ができたと感じる時もあります。そういう時に、こういうやり方をしてよかったなと思います。

だけども、確かに言えることは、本番でパッとスイッチが入った状態にするのは、日本のほうが難しいということです。

近藤――うーん、なぜでしょうね。

バッティ――やっぱり、東京フィルハーモニー交響楽団のように、仕事をすごくいっぱいしていることね。たくさんのプログラムをきちっとこなしていかなければいけないという状況だと、安全な範囲を非常に大きく持っていたいということがあるんだと思います。

快適なところをいったん壊してから、もう一度直していくことは、すごくリスクがあるという気持ちが大きいというか。自分自身でそれをやることが難しいんじゃないのかな。ほかのみんながこういう風にやってくれなかったら、「あれ？　俺だけ違うことをやっちゃったかな？」という風になってしまいますよね。誰かがそのリスクをとって見せないと、誰もが自分が一番最初にはやりたくないと思っているようです。

近藤――そこが自分の役割だと思っています。リスクを負うということを。

バッティ――もっと即興的な部分が出てきてもいいと思うんです。音楽はやっぱりそれだと思うから。リハーサルはうまくできた、これでいいよねということになっても、そこに少し自由をもたらしてもいいかなと思います。

日本の皆さんが一体となって進んでいくことはすごく美しいことだと思

います、それが特長だと思うので。例えば管楽器などのソロを吹く時、「おれはこっちに行く」と全然違う方向に行ってしまって、みんなが行先に迷うのは困りますけど、ソロが浮かび上がってきて、それをみんなが支えるようなことができたら素晴らしいと思います。
しかし、多くの場合は、ソロの奏者は他の人たちの邪魔にならないようにするため、それほど浮かび上がらないでみんなと同じように大人しくなってしまいます。スタンダードの基準はすごく高いところにありますけれども、音楽は安定してばかりだと、残念だと思います。

近藤――時々、バッティが本番でゴジラに見えるんですよね。

バッティ――アハハハハ。前に東京フィルと伊福部《いふくべ》昭の「ゴジラ」をレコーディングしたね。

近藤――ゴジラは不思議な怪獣で、怖い存在ではあるけれど、なんというか、何かを背負っているんですよ。使命感みたいなものがある。だから、怖い存在なんだけれど、みんなどこかに憧れがあるんです。たまーにね、ゴジラに見えるんです。いやたまにじゃない、ほぼ毎回だ。

オペラについて

近藤――バッティは特にオペラをやっている時、そういうリスクを負うとか音楽を生かすところが素晴らしいんですよ。文学とかテクストについてものすごく繊細な感受性を持っていらっしゃると思います。オペラというのは、あなたにとってどういうものですか？

バッティ――イタリアの演劇形態として非常に特殊な「自分たちのもの」という感覚は確かにありますね。自分のＤＮＡの中にあるという感じで。すごく魅力的なのは、やっぱり自分たちの言葉だし、毎日の生活の反映であり、国の文化という感じがするんです。特に音楽だけでなく、社会の反映であるというところがオペラの魅力だと思うんです。

近藤――僕たちのようなイタリア語のわからない、違う言語圏の人間も感動するわけです。そこはすごく不思議。もしかしたら僕らとは全く違う感覚なのかもしれないけれど。

バッティ――もちろんそうだと思います。オペラの口語文というか、オペラの恵まれているところは、言葉はあるんだけれど、それが全部音楽のアーティキュレーションになっていることだと思います。ですから、より重要なのは、やはり言葉よりも音楽そのものなんですよ。

近藤――ヒストリーですね。バッティストーニさんがオペラをやる時は、あらすじ、ストーリーをそのまま表現しているだけでじゃなくて、その根底にある「不変」を、文化圏問わずに人類が抱えている問題であるとか、そういうことを見出して作品に取り組んでいるように見えるんですけれども、同じヨーロッパでも、違う国の歴史とか文化を学ぶようなこともしているのでしょうか。

バッティ――そうですね、さっき言ったように、自分は楽器の練習をしなくてもいいという贅沢な立場にあります。そのかわり、テクストはすごく勉強しなければいけません。音楽、特にオペラは、その作品の背景を勉強することが大事です。

まず、自分にとって一番大事なことは、作曲家を知ることです。友達のように近くなるように作曲家を知りたいんです。その人はどういう人間で、どこから来たのか。その人とすごくコンフィデンシャルな間柄になれるように、その人の人生も知りたいし。例えば何かの曲を演奏するのであれば、それをどこで書いたのか、なぜ書いたのか、そういうところまで知りたいと思っています。

その作曲家がどういう社会に生きていたのかを知ることは、すごく大事なことだと思うんですね。どういう哲学を持っていたとか、どういう芸術家としてどういうムーブメントの中にいたのか。どういう絵を見ていたとか、どういうアートを好んでいたのかとか。例えば、ストラヴィンスキーを語るのに、ピカソのことは絶対知らなければいけないと思いますし、芸術家、作曲家がどういうインスピレーションを得たかということをすごく知りたいのです。音楽は言葉がいらない、音楽はそのまま理解できるというけれども、それを演奏する指揮者としては、そういうディテールやバックグラウンドがどうであったかを知りたいです。特にオペラに関しては言葉が絡んでくるし、ストーリーが物語られているだけあって、どういう時代背景であったかということは、すごく大事なんじゃないですかね。

近藤── そうか、バッティが振っている時というのは、僕らオーケストラとのコミュニケーション、そしてオーディエンスと、作曲家と、作曲家の周りにいる他の芸術家とか、その時代と

か、全部含めてのコミュニケーションなんですね。

バッティ――そうですね。そのネットワークというか、網目というか、時代のつながりがすごく複雑な網目になっています。それはすごく魅力的だと思うんです。

哲学的なことを少し語ると、今言ったディメンション、広がりというか、作品やオペラのあり方、存在の仕方の唯一の方法が、今おっしゃった、そのみんなのつながりの中にあるものなんです。要するにベートーヴェンの交響曲第五番とか「椿姫」とか、楽譜の本がありますよね。その本の中に作品があるのではなくて、私たちが演奏をして、そこにお客さんがいるからこそ、そこに作品が立ちのぼるのであって、その場においての聴衆の存在というのが、根源的なものであって、それなしでは、決して同じものではないんですね。

例えば、この数日間私たちは一緒にベートーヴェンの「第五」の練習をしましたけれども、その場には聴衆が欠けている。ですから、聴衆がいるように想像して指揮をしましたけれども、実は彼らが一緒に音楽を作っているんです。指揮者はお客さんに背中を向けていますが、咳をしているとか、どれだけ聴衆が集中しているかとか、どういう風に感じているかを、すごく感じるんですね。音楽を一緒に作っているからこそ、その全体をつなぐエネルギーの交流が行われていて、だからこそ、そこに作品が立ちのぼるのです。音楽は決して楽譜の本の中にあるのではない。その場に立ちのぼっているものこそが、作品であり、オペラなのです。

物質社会とアート

近藤——すごく面白い。話がほんと尽きなくなっちゃうんだけど。今日、一番僕が話したい題材が次の話題です。テクノロジーとか物質社会とアート、というところをぜひ聞きたくて。僕も愛知県の刈谷《かりや》という田舎育ちですけど、バッティもヴェローナで都会ではなくて。この前、マーラーの「千人の交響曲」を演奏した時に、もちろん理想からするといろいろ思うことがあると思うんですけど、一緒にやったコンサートの中でベストだったかなと思ったんですね。

バッティはマーラーの作曲小屋をわざわざお母さんと一緒に見に行かれたんですけど、マーラーもベートーヴェンも自然の中で作曲した。そういう、自然とアートということの関係と、今はそういう自然がどんどん減っていってしまっている時代で、アートとはいったいどういう存在であるべきなんだろうということを聞きたかったんです。

バッティ——私はテクノロジーと個人的に良い関係では全然なくて（笑）。コンピューターとかスマホとか、そういうものが使えないということだけではなく、「テクニック」ということの概念がすごく危険なものだと思っています。

テクニックは、一人ひとりの個人という人間を、大きいテクノロジーの中の一つのピースにしてしまうと思うんですね。そういう考え方の中にいると、人間はシステムの中で有効に使われているピースであるかどうかということだけで判断されてしまいます。そのシステムに入ってしまうと、「あなたのやるべきことは何か」ということしか、あなたは疑問を持っちゃいけない。あなたの感情は、そこでは価値を持たないばかりか、全体のシステムを邪魔してしまうものとして扱われます。それは本当にひどいことだと思います。しかし、ほとんど世界的に人々の価値観がそうなってしまっていると思いますし、そこから自分を引き離すことはすごく難しくなっています。

そこで一番最初に大事なことは、それを自覚することだと思います。私たちには今すごく問題があるということを。人々が幸せではないことは、世間を見ればすぐにわかることです。例えば、東京のような大都会で非常に大きなシステムが出来上がっていることが明確な場所だけでなく、例えばイタリアのようなところでも、人々は皆怒っているし、悲しそうだし、その役割の中から外れたり、与えられた役割に疑問を持ったりできないようになってるじゃないですか。

いくつかの国では、そういう自然や田舎というものに価値を再び見出しているところもあると思います。四季を感じたり、昼の光や夜を感じたり。そういうところでは、人間らしいノーマルな人生を取り戻せているのではないでしょうか。そういう考え方は、音楽と芸術の価値というものを理解できる価値観だと思います。アーティストを通して、個人が感情を学ぶことによって、人間を知るということで、自然とアートが近くなるという役割を果たすことができるのかもしれません。そうすると、人間の真価がわかるというか。

要するに、自分たちが快適な暮らしをするために大きなシステムをどんどん作り上げたわけですが、人間はそのシステムのために働かされていると言っていいと思います。そこから逃げ出して、アートとか音楽に近づかなければいけないと思うんです。

でも、例えば音楽をなぜ聴くのだろうかと思うと、別に音楽でお腹は膨れないし、喉の渇きも癒せませんが、人間は音楽を聴いたり絵を観たりします。けれど、読書は、まだ本から学ぶこと、役に立つことがあると思ってやっていると思います。

音楽や絵画は、自分の内面を豊かにする、感動することを知るということにしか役に立たないわけですから、それを知ることを通して、人間自身を取り戻せるということを、私たちが伝えていかなければいけませんよね。

近藤——おっしゃる通りですね。難しい社会というか、本当に効率ばかりを求めていて。例えば、僕らのハーサルは、コンサートの十倍以上の時間をかけて合わせていきますよね。しかし一方で、全く別の方法で合わせるテクノロジーがある。クリックといって、奏者がみんなイヤホンにメトロノームを仕込んでくるんですけど、一緒にクリックを鳴らして弾くわけ。絶対にずれないからリハーサルなんていらない。ただ、それは音楽的な演奏にはならないですよね。これに支配されて演奏をするというのは、何もなくなってしまうので。

バッティ――まさにおっしゃる通りで、システムが望むことは、一番少ない時間で一番良い結果を得ることですよね。

近藤――でも、何もなくなっちゃう。もっと怖いのは、そこに音楽的な、アーティスティックな部分が何もなくなってしまったことを、人間が判断できなくなる時代が来たら、本当に危ないですよね。

バッティ――本当にリアルにそれが起こりそうなリスクがありますよね。「マトリックス」の世界。周りを観察すればするほど、世界はどっちに行っているんだろうと思う。

近藤――「マトリックス」の隠しテーマみたいな、K・ゲーデルの「不完全性定理」というものがあって。めちゃくちゃかみ砕いて飛躍して言うと、あらゆる命題とか、システムもそうですけど、必ずエラーが起こるということなんです。「マトリックス」も、最後は愛の力でシステムが崩壊したわけですよね。必ず同じ結果になる完璧なシステムを作ったはずが。芸術にはそういう意味合いもあるのかなと。まったく時代と逆行しているように見えるけれど、一番大切なものがそこにあるような気がする。

バッティ――そう、私たちの芸術活動が時代と逆行しているといいなと思いますよね。ちょっと、レジスタンスの活動というかね（笑）。

私たち自身が思っている以上に、芸術家の役割というのは本当にすごく大事なものじゃないかと思います。音楽は抵抗活動だという話ですけど、私たち音楽家・芸術家自身が、音楽や歌劇場はエンターテインメント、人々をリラックスさせ楽しませるためにするものではないということを、私たち自身がもっと自覚すべきだと思います。

音楽、コンサートを聴きに行くということは、サッカーの試合を見に行ったり、遊園地で楽しむために行くことと同じことではないと思っています。コンサートに行くということは、聴衆も自分自身の魂の内面の奥底を探しに行くということだと思っています。聴き終わって、歌劇場を出ていく時には、新しい自分になっている、そんな場所だと思っています。ですから、音楽家自身が、そのことに確信をもってその場を提供しなければ、聴衆も同じ考えにはなるはずはありません。まず、私たち自身がそういう場であることを自覚すべきだと思います。そうでなければ、コンサートに二時間来て楽しかった、あとは税金払ってちゃんとした市民として生きていけばいいんでしょ、で終わってしまってはいけないと思います。そういう意味で、レジスタンス活動だと申し上げたのです。

目を開くということ

近藤——物質社会という関連で、ずっと聞いてみたかったことがあるんです。前に二人で渋谷の初台《はつだい》を歩いていたら、三センチぐらいのクリップが一つ落ちていたんです。そのまま通過して二メートルぐらいいしたら、あなたはざわざ振り返ってそれを拾って持って帰ったんです。「これは指揮者にとって大事だから」と言ったんだけど。

僕がその時に感じたのは、クリップが石畳の上にぽとって寂しそうに落ちていたんです。そういう、一人ぼっちになってしまったような、なんてことのないクリップ、まあゴミとも言えるようなものを、助けてあげたような。バッティは全然違うよって言うかもしれませんけど。それは覚えていますか。

バッティ——はい、覚えていますよ。

日常生活って、すごく小さないろんなことで出来上がっていると思うんですよ。例えば、コインが落ちていたとかゴムが落ちていたとか、コンサートのプログラムとか本とか、いろいろなものが自分を取り巻いているじゃないですか。

心理学者のユングによると、自分の身の周りに起こることは何でも何かの印らしいんです。何か物語っていて何か意味がある。あなたが目を開けば、それはあなたが何かを決めなければいけない時、例えば何か重要なことを決めなければいけないとか、人に会わないといけないとかの、解決方法を提示してくれることもあるんですって。

そういうことを考えると、私がふと持って帰ったクリップが、後で見たスコアに「お、ここ」と指すべき場所が見えてきたということにつながったのかもしれないし、そういう風に人生は出来ているのかもしれないのです。「目を開くと見えてくるんだよ」ということらしいよ（笑）。

近藤──あはは、なるほど。じゃあ無意識に拾ったのかな。

バッティ──深く考えずに、可哀想に落ちてるじゃんと思って、ふっと拾ったんだと思うよ。僕は時々、そういうことがあるんです。

近藤──少なくとも僕にはそう見えたし、今の話からすると、僕の深層心理がバッティをそう見せたということかもしれない。まあでも、そういうことをしそうな男なんですよね。

バッティ──へへへ。もちろん全く違うことを想像していたわけじゃないですよね。クリップにすごく重要な意味を与えるようなことはないにせよ、何か意味があるかもねと思ったんでしょう。世界が示している印を、目を開けば開くほど見えてくるということは、本当にあるみたいだよ。

近藤──世界が示している印か。少し話が違うかもしれないけれど、実は大学生の時に、人前で弾けなくなっちゃったんですよ。何かよくない精神になっていたんだろうけど。

その時、とても重要なことを師匠から教えてもらったんです。それは、「ミラクル・奇跡」ということは世の中にたくさん起こっているけれど、それに気づかないだけ。それは、自分と自然や、自分と人と人がつながっていっていることなんですけど、すごく美しいことで。ただ、ほとんど気づけない。社会にいると、忙しくて、ノイズが多くて。僕が音楽をやる理由は、そういう奇跡を体験したいし、奇跡とともに生きたいからなんです。

バッティ――僕にとって音楽をやることは、そういうノイズを聞かないようにするためにも重要な役割を持っています。オーケストラの定期会員になることは、心理分析の支払いにお金を使うより、ずっといいお金の使い方だと思いますよ。

近藤――それはそうだ、いいこと言った（笑）。東京フィルでは定期会員を募集しています（笑）。

バッティ――大事なことは、聴いている方も、あーなんかリラックスできるわ、というだけでなく、それを自分自身の経験として聴くことです。なぜ今これを聴いているんだろうということを考えてくれると嬉しいよね。音楽が周りの騒音を静かにしてくれる。騒音が無くなると今度は自分自身が誰かということを聞かなければいけない状況になります。ほかのものを黙らせてくれるから。自分自身を発見することは、トラウマになりかねないし、難しいことだと思うんですよね。でも、それをやる必要があるんです（笑）。

近藤――それは絶対にしなければいけない。自画像みたいなものですよね。絵描きが自画像を描くのと同じこと。

バッティ――鏡を見ることは難しいけれど、それはやらなければいけないことなんだよね。

近藤――自分が宇宙でどんなに小さい存在であるかに気づいた瞬間に、ものすごく楽になると思う。

バッティ――でも同時に、すごく大きくもあるんだよね。

近藤――そうなんですよ。とても小さくて何よりも大きいもの。

感じる・生きる

バッティ――私たちは本当に素晴らしい存在なんだ。人間って。考える、じゃなくて生きる、みんながそれぞれ生きるのに、音楽や芸術は役に立つものと思うんだ。

哲学を考えることは素晴らしいことだけど、哲学は考える、つまり理性に訴えるものです。でも、一番大事なことはそれを感じることで、感じることによって、理解できるんです。感覚でわかるんです。それは主観を持っていない時に現れます。それを説明しないで、自分が生きればいいんです。

近藤――まず感じること。心をそういう状態にしとかないといけないね。

バッティ――レーダーを張っているみたいに、バイブレーションを捉えるというか。

もちろん考えるのは有効だと思うんですよ。みんなそれぞれそれを分類したりとか。そして、きちっと冷静に考えるということは安心感を与えますよね。ただね、私たちは世界をきちっと分類分けして見たがるけれど、実際問題として、世界はそれではないと思うんですよ。私たちは自分たちの人生がこれからどうなるという予測がつくように、安心したいから考えてはいるけれども、でも、本当は自分たちの中には先がどうなるか全く見えないものを抱えていると思うんです。

近藤――考えて分類できるほど世界はシンプルでないと。

バッティ――赤ちゃんは次にどうなるか全くわからないですよね。それは、考えて自分の頭の中できちっと分類分けがまだできていないからだと思います。赤ちゃんにコップに入った水を渡したら、それは飲むためだけに渡されたことを理解していないから、それで何をするか、ファンタジーに溢れていますよね。飲むかもしれないし、頭の上にのっけるかもしれない。あなたの顔にバーンとぶつけるかもしれません（笑）。野性的なわけだけど、でも人生って、本当はそういうものじゃないでしょうか。

でも人間は、大人になると、コップは水を飲むためにあると、お互いのルールで決めてしまっていますから、私がコップをとっても、アンドレアからコップを投げつけられることはないと安心していられますよね、ある意味。でも、アートや音楽というものは、そういうお互いの決め事に不安定な要素を持ち込むことにも役立つと思います。

近藤――そうだね。感じて生きるということに、音楽が大きな助けになることは間違いないと思う。音楽は理性をすっ飛ばして、野性的な部分に訴えかけるものだからね。

ゾーンに入る

近藤――例えば、スポーツ選手がゾーンに入ると球が止まって見えるとか言いますね。アーティスティックな感覚が高じると、きっとバッティはそういう体験をしていると思うんですけど。ありますか？

バッティ――スローモーション的なこと？「マトリックス」みたいにスローモーションで見えるとか？

近藤――それもそうだし、次がわかるとか。予言できてしまうとか。演奏者の心理状態が全部手に取るようにわかるとか。すごく冴えている状態。

バッティ――そうですね、例えば歌手の人たちがこれから歌う時に、どういうテンポで歌いたいと思っているかわかるとか、それがまさに相手のことを勘でわかる世界のことですよね。要するに、頭で考える以前に、体がもう感じてわかっているという状態というか。

近藤――そうそう。いつもそういう状態なのか、それとも演奏をしている時にそういうモードに入るのか。

バッティ――もちろんいつもそういう状態であることは難しいですよね。それはないですけど。森の中で生きている仙人ならいざ知らず（笑）。

近藤――ああ良かった（笑）。心理学的にいうとフロー状態というんですけど。何か別世界にいるような。そのゾーンに入るスイッチを自分で持っている人と、あるきっかけで何者かに連れて行ってもらう人と、いろんなタイプの人がいるみたいなんですけど。バッティはどういうタイプですか？　自然にスイッチが入るんですか？

バッティ――まあ少し瞑想的な世界に近いですね。

近藤――まさにそうです。

バッティ――私は生まれつき勘の世界に入ることは比較的容易なんです。もちろん頭の中はすごく混沌としているわけですけどね、人間なので。わりと聞かなくていいことを遮断するのは得意なほうです（笑）。

近藤――フフフ、そう。

バッティ――いつもそこに到達できるわけではないけれど、余計な声を黙らせることによって、非常に肥沃な土地に、活動しやすい状態が生まれるという、そのシステムはわかっています。いつもそれを必ず作れるというわけではないけど。それが特別な時に訪れることは、かえっていいことだと思います。常にその状態になるのは危険なことじゃないでしょうか。それが特別だという感じがなくなることはよくないんじゃないかと思います。

不思議なのは、自分自身の中に閉じこもれば閉じこもるほど、出す力も獲得できるということです。音楽はすごくそれに役に立つと思うし、第一音楽をするという行為が、自分の中を掘り下げることになります。それによって他の人たちに、周りに対してすごくオープンになっている状態が同時に行われるのが音楽をしている状態だと思うので。

　頭の後ろに百個も目があるように感じることがあって。だからお客さんの反応や状態が大事なんです。すごく感じるんですよ。自分の周りで起こっていること全て。非常に自分がオープンになっている状態だから、周りからの影響も受けやすいんです。カオルはどうですか？

近藤——なるほど、閉じこもるというか、自分の精神の内へ内へ入っていった結果、非常にオープンな状態になると。面白いですね。僕もわりとそういうゾーンに入るんですけど、まだ未熟なところがあって、社会が発しているノイズを遮断しきれないことがある。集中しようとしている時に、それがすごく邪魔になる。でも、だんだんわかってきたんです、そういうのが。で、バッティみたいな人と一緒にいる時間というのは、そういう影響を受けやすいんです。集中しやすい。僕にとってすごくありがたいことです。

　それと、たまに自然に触れるようにしているんです。耳も休まるし頭も休まるし。きっとヴェローナに帰った時に休めるんじゃないですか？

バッティ——やります、やります。可能な時は山のほうに行くことにしています。易しくはないし、いつもできるわけではありませんが。

　いま引っ越したんですが、新しい家にすごく満足しています。家から丘が見えるんです。

信じられないくらい静かなんですよ。そちら側にいると、道の交通のうるさい音も聞こえません。家の後ろ側には素晴らしい庭もあります。しかもすごくいいのが、自分たちの庭ではないんです。だから庭の手入れもしなくていいんですよ（笑）。

近藤――アハハ！　それはいい。まさに借景だ。

バッティ――完璧でしょう。すごく素敵でリラックスできて、一年中緑が綺麗なんだけど。すごく休まるし。夜は昼間よりもますます素敵なんですよ。寝る前に窓を閉めに行くのがすごく好きで、夜の匂いをかいで閉めるんです。瞬間に自然の匂いを感じて。そうすると寝る前にすごく穏やかな気持ちを感じて眠ることができるんです。

近藤――それは本当に本当に、大切な時間だね。またゆっくり色々な話がしたいですね。今日はありがとうございました。

〝変わった子ども〟が心を開く時

異才発掘プロジェクトROCKET

対話者▼中邑賢龍氏 Nakamura Kenryu
東京大学先端科学技術研究センター特例教授

一九五六年生まれ。香川大学教育学部助教授、カンザス大学、ウィスコンシン大学客員研究員などを経て、二〇〇五年に東京大学先端科学技術研究センター特任教授に就任。二〇〇八年より同センター人間支援工学分野教授。二〇一五年より特例教授。異才発掘プロジェクトROCKETなどICT（情報コミュニケーション技術）を活用した社会問題解決型実践研究を推進する。著書＝『発達障害の子どもの「ユニークさ」を伸ばすテクノロジー』中央法規出版、二〇〇七年、『学校の中のハイブリッドキッズたち――魔法のプロジェクトを通して見えたICTと子どもの能力・教育の未来』こころリソースブック出版会、二〇一五年他多数

［対話：2019・9・11　東京大学先端科学技術研究センター］

馬の鳴くコンサート

近藤――本日は東京大学先端科学技術研究センター教授、中邑賢龍先生との対談で、駒場にある先端研の中邑研究室にお邪魔しています。ここ数年、中邑先生のユニークなプロジェクトでご一緒させていただいていまして、私はもちろん演奏をしに行くわけですが、それがコンサートホールやサロンではなく、野外、それも北海道清水町の「十勝千年の森」や、タウシュベツ橋など特別な場所に特別な才能を持った子どもたちと赴いて、そして、突然弾く、というようなことをやらせていただいています。今日は面白いお話がたくさんできるだろうなとワクワクして来ました。よろしくお願いします。

中邑――よろしくお願いします。この間はどうもありがとうございました。Mさん（同行した子どもたちの一人。写真家）なんかね、その後も、次の日なんかも感動して動けないんだよ。いや、本当にそうだったね、うん。馬小屋コンサートで。

近藤――Mさんね、演奏後は帽子をかぶってずっと涙していましたね。嬉しかったなぁ。次郎さん（「十勝千年の森」で牧場を営む田中次郎さん）の馬小屋で。最初は星を見に行くって、子どもたちを連れ出してもらって。雨の中で見えるわけないのに。でも彼ら、星が見えたって言ってた（笑）。

中邑――そうそう。去年本当はね、真っ暗闇でやりたかったけど、できなかったんですよね。

近藤――そうなんですよね、雨で。本当の星の下でやろうとしていたのが。

中邑――で、僕は、やっぱり真っ暗闇になる場所。で、あそこの牧場だ！ってなったんだ。

近藤――そうですね、周りには本当に何もないですもんね。信号どころか道も全部農道で。もちろん人家もない。

中邑――そう。だから音を出してもいいいし。

近藤――広大なところでしたよね。ああいう音のない場所は、どんどん減ってきちゃっていますよね。どっかから何かのノイズが聞こえてきて。敏感な子は大変だろうなぁ、うるさい社会で生きるって。

中邑――宿舎になってた「千年の森」の中にある小学校の廃校から車に乗せて連れていったでしょう。さすがにヘッドライトを消して行くわけにはいかないから。

近藤――ああ、もう落ちちゃいますよ、あぜ道ですから（笑）。

中邑――そして馬小屋についたら降りろって言って。みんな馬場の方を向いて一列になって、ヘッドライトを消して。でもその時はみんな薫さんたちがヴァイオリンを持って小屋に隠れ

ているなんて知らないからね。そこで空を見ろ、星が見えるだろうって。そして、ひとっ言もしゃべるなとだけ伝えて。

近藤──ああ、そうなんですか。僕らからは見えなかったから、いつ到着したのかわからなかった。

中邑──うん。もう今日は感じるためにここに来たんだ、ということだけ言って。そしてあそこで三分か、五分あったかなぁ、ジーッとみんな一言もしゃべらずにいたら、音楽が始まったんだよね。うん。

近藤──僕らは背後で弾いていたはずなんですけど、ああいう静かなところだったからか、逆の方向の遠くから聞こえたように感じた、と言っていました。

中邑──そうなんだ。

近藤──うん、不思議なことを言っていた。

中邑──始まる前って、雨音だけなんですよ。なんとも言えない静けさだった。うーん。

近藤──ああやって、耳が敏感になるというか、心が開いている状態っていうのかな。ああいう時にパッと聞こえたら、音楽ってたぶん一瞬で心の深いところに飛ぶんだろうなぁって。

中邑──そうですよね。

近藤──そしたらね、馬が鳴き始めて。へへへ。

中邑──予測しなかったよね。

近藤——いや、まったく。あれ、ボロディンという作曲家の曲なんですけど、「ノクターン」といって、夜に弾く曲なんですよね、綺麗な旋律の。で、特定のところで馬が鳴くんですよね。あれ、不思議でしたねぇ。

中邑——うーん、もうびっくり。

近藤——最初鳴いた時は、おお興奮したのかなと思って。で、すぐ鳴き止んだじゃないですか。一回だけいないいて。でもまた、同じ場面になると同じように鳴くんですからね。その度に毎回！

中邑——あれ、違う馬が鳴いていたんだよ。

近藤——え!? 本当ですか？

中邑——うん、二頭。

近藤——あ、そう！

中邑——そうなんですよ。だから僕らからしたらステレオだったんですよ。最初に左にいる馬が鳴いて、次に右にいる馬が。オーナーの次郎さんに聞いたら、あれは興奮しているんじゃないと。仲間に対するね「おーい！ おーい！」っていう、そういう感じの鳴き声。

近藤——僕らのヴァイオリンの弓って馬の尻尾で作っているじゃないですか、だから尻尾を切られるんじゃないかと、馬がびっくりしたのかなって思った（笑）。弾いているほうも、まったく予期せずでしたよ。

中邑——あそこで聞いた子どもたちは、「これって、本物？」って。本物がいるとは思っていないわけですよ。演出ぐらいに思っている。世の中、何かみんな演出でしか起こっていないから。

近藤——ああ、そっかぁ。

中邑——うん。「あれ、馬を叩いて鳴かせたんですか？」みたいな。

近藤——なるほどね。そう思っちゃうわけだ。

中邑——でもねえ、あれ、バチンとやってもヒヒンと言わないね。

近藤——本当にタイミングよく。必ずあそこの高いA音のところで鳴いて。もうあの曲を弾いたら馬が鳴かないと物足りないですもん。

中邑——しかもコウモリまで飛ぶんだよ。

近藤——ええ!?　そこまでは僕は見れてなかった。

中邑——ねえ、もうびっくり。ちょうど真ん中をひゅーっと。一番曲が盛り上がっていたところで。もうね、だから不思議なことっていっぱい起きますね。

雨は降らない

近藤——今回の旅もほぼ外で弾く予定でしたもんね。毎日降水確率九〇％だったけど、でも一度も降られず。

中邑――そうですよね。だからヴァイオリンには最悪の環境で。

近藤――まあ、もう降っちゃったら弾けないんで。

中邑――一番最初、この企画が始まった時には薫さん、楽器を外で弾くということに、すごいためらいがあったんですよね。

近藤――それはもう（笑）。

中邑――で、西野さん（ステージマネージャー、西野彰啓氏）にも、「何しに行くんだ？」って言われ続けたけど。彼は「なんなんだ、これは」って。僕たちほんとに音楽素人が何を近藤さんたちにお願いをしているんだ、失礼なやつらめ、ぐらいの感じでね。

だけど僕たちは、もうとにかく純粋な感覚でお願いしていた。それに対して今年もまた来てくださって。で、ほら、中学校でサプライズ演奏をした時。あれマリさん（東京フィル第二ヴァイオリン首席奏者、戸上眞里氏）だったかな。薫さんが校舎中を弾きながら歩いて、その後ろをぞろぞろ中学生たちが珍しそうについて行って。で、そのまま みんな体育館に行く予定だったんですよ。だから、マリさんに体育館に行きましょうって僕が言ったら、「これぐらいだったらできるよ」ってさっさと校庭に出て行っちゃった。

近藤――ああ、そうだったんだ。

中邑――そうなんですよ。「ここでやっちゃおう」って言ったの。

近藤——いやもう、ほかの奏者のみんなに迷惑がかかっちゃいけないなと思って。雨が降ったら本当に楽器がまずいので。まあ一曲だけ、僕一人だったらいいかなと思って、ハーメルンの笛吹き状態で中学生を引き連れて玄関を出て校庭の森のほうに行ったら、奏者がみんなそこで待っててくれて。嬉しかったなあ。

中邑——いや、嬉しいですよね、もう本当にね。

近藤——でも一滴も降らなくてね。あの瞬間だけは。

中邑——あの後降りましたもんね。

近藤——あの前も降っていた。演奏していた数十分の間だけですよ。

中邑——そう。タウシュベツでもね、降らなかった。

近藤——よくぞ。だって、タウシュベツ橋まで行ってもし降ったら、逃げ場がなかった。でも、なんとなくね、雨は降らないという漠然とした確信がありました。これはきっといけるなって。天気を支配していましたよね。

中邑——タウシュベツ、不思議な石造りの橋でしたでしょう。

近藤——不思議な、時間が止まったような場所でしたね。あれは何年前の橋？

中邑——一九三〇年代に国鉄がつくった橋なんですよ。

近藤——あ、そんなに前の。もう朽ち果てそうな感じでした。

中邑——雨の多い時は水没して見えないんだけど、今年は幸い、まだ全貌が見えて、向こうには

◀北海道旧国鉄士幌線，タウシュベツ川橋梁　©上士幌町クリエイティブ・コモンズ・ライセンス（表示 4.0 国際）https://creativecommons.org/licenses/by/4.0/

いくらか、ものすごく綺麗な水があってね。

近藤――神秘的なところでしたね。森を抜けたら急に開けて。大きな白い切り株がいくつもあって、そこで楽器を開けました。鹿も聞きに来ていましたよね。親子の鹿が。

中邑――そうでしたね。で、ほかの演奏メンバーのみなさんは、ああいう場所って知らずに来ているわけですよね？

近藤――うん、内緒にして。どこに行くの？と聞かれても、いや、よくわかんないってうそぶいて（笑）。

中邑――すばらしい（笑）。行った場所、それぞれに良さがありましたね。

近藤――熊が出るからなるべくかたまって歩いて！と言ってたもんね。もう二度と行けないかなぁ。

中邑――まあね、こういう機会で、みんなで行こうと言わないとね。最初一人で下見に行ったんです。怖かったー。林道の入り口もわかんなくて。見つけてここかな？と思って入っていって。しかもどこに行ったら橋があるのかわからない。

近藤――よくたどり着きましたね。

中邑――行きたくてね（笑）。僕のイメージではね、あそこであの音を聞きたいという思いがあって。

近藤——あそこで弾いたのはドヴォルザークの「アメリカ」という曲だったんです。ドヴォルザークはアメリカに音楽学校を創るために校長先生として単身赴任で行ったんです。ドヴォルザークにとっては、新しく鉄道をつくるアメリカがすごく魅力だったみたいで。でも、故郷を愛していたので、ホームシックになって、望郷の念にかられて書いたんですけど。だからまさにあの橋と同じですよね。忘れ去られた鉄道橋。何か過去を思い出すような曲、これしかないな、と思って。ちょっと寂しげな曲なんですけど、よかったかなと思います。

中邑——ああいう場所でね。普通はコンサートホールに行くと、みんな演奏者を見ているんです。演奏者を見ながら音楽は聴くものだと。ああいう場所だと、失礼ながら、演奏者を見ません。

近藤——そうですよね。うん。

中邑——ね。雲を見たり、鳥を見たり、そしたら全部それが同期するんですよ。あの感動というのはない。薫さんがほら、コンサートホールでやって、「今日もうまくいかなかった」とかってよく言うじゃない。でも、僕らからしたら、サントリーホールで聴いたら、弾いているみなさんの演奏って、ほぼ一〇〇点じゃんって思うんです。

近藤——ああ……そう思われます?

中邑——うん、はっきり言って。そりゃもちろんね、すごいファンの人からしたら、「ちょっと今日は……」という日もあるかもしれないけれど、一〇〇点なんですよ。だけど、室内では一〇〇点を超えることはない。だけど外で聴いた子どもたちにとっては、三〇〇点、一〇〇

◄納沙布岬の望郷の塔（通称オーロラタワー）。高さ96m，展望台から北方領土を一望できる（Blog「北海道絶景 100+」より）

点やら、ものすごくいい音楽になって、あれ残っていますよね。去年の納沙布《のさっぷ》タワーの演奏なんて、もう絶対に忘れない。

近藤――納沙布岬にあるタワーでチャイコフスキーを弾いたやつですね。僕らにとってもすごく、なんていうかな、一つの到達点でした。十年ぐらい、ロストロポーヴィチ（ロシアの巨匠チェリスト。一九二七―二〇〇七）から学んだことをずっと追い求めてやってきて。すごく大切なこと、音楽を届けるということを。もともと平和を訴え続けたロストロポーヴィチはあそこで弾きたかったんです。北方領土の目の前ですものね。でも、実現できないまま亡くなってしまった。

僕らが行った時は風が強過ぎてね。気温はほぼ〇度でしたか。なんとかやろうとしたんだけど、楽譜が飛ぶどころか、譜面台ごと飛んでいっちゃう。そしたら、校長先生が走って来てくれて、タワーとかけあってくれて。

中邑――そうなんです。もうこれもね、奇跡ですよ。「貸切りましょう」って言ってくださるなんて。で、料金を払いますのでと言ったんです。そしたら、そこのオーナーがN響のコンサートマスターの方とお知り合いで。「どうぞ、タダで貸切ってください」って。いやぁもう、すごいなあと。しかもあんなに、北方領土を見渡すタワーの中で。なんかねえ……感慨深かった。僕が何を見ていたかというと、カモメを見ていたんです。

近藤――ああ、そうですか。そういえば沢山飛んでいましたね。

中邑――いや、もうね、薫さんに見せたいんです。どうしてこの自然がこの音に調和するのかというぐらい、カモメがね、すーっと行って止まって、またこう、すーっというのが。まるであの子たちが、薫さんたちの指揮者のようなね。

近藤――あの時は、僕ら海のほうを見て弾いたんですよね、ロストロポーヴィチがやりたかったように。彼がやり残したことがやれてよかった。

中邑――あれはちょっと別物でした。あの瞬間に立ち会えて本当に幸せだったよね。あんなに気迫のこもった演奏に、たぶん子どもたちは圧倒されていたと思う。演奏者の背後から、森を見ながら海を見ながら聴く。ある子どもはガラスにかぶりつきで外をずっと見ているわけですよ。

近藤――いい瞬間でしたね。自然とつながっていることとか、人と人とがつながっていること。そういうことを心を開いて感じ取ってもらう。そういう心を開かせる効果が、音楽自体にはあるのかなと思います。

中邑――魂がつながってる感じね。本当に。

近藤――やっぱり都会って、そもそも自然がすごく少ない。静かな空間がないというか、何か喧騒の中にずっと閉じ込められているというか、そういうところ。でも自然に行くと、全てが開放されてますよね。そしてそこには奇跡みたいなことがいっぱい起こっていることに気づくわけです。

中邑――まあ、僕らがお願いしていることは本当に失礼なことだと思います。

近藤――いえいえ（笑）。

中邑――本当にさ、いろんな人に「こんな失礼なことはない」って言われて。「えー!? やってくれるの？」みたいなねえ。

近藤――新しい挑戦でしたね。僕も、最初はそんなことやったことがないので、いったい何を言っているのだろう？って（笑）。打合せをしていても、話が噛み合わないぞって思ってたんです。まあでも、やってみようとなったのは、ほんと土壇場。もう明日行かなくちゃいけないし、となって。僕自身もすごく変わりましたね。これは。

中邑――僕も変わったし、本当に。変わったっていうのかなぁ、やっぱり感動が蓄積したね。ていうかね、全部違うの。どれがよかった、じゃないんだ。どれがよかったということになると、順番に並べてどうかするということだから。あの模索したキャンプもよかったし、牧場もよかったし、っていう、なんか、こういう評価の仕方が増えていくね。うん。

ROCKETとは

近藤――ちょっとここで、いったい中邑先生は何者なのかという話をしなきゃいけない。今までの話だと、読者の皆さんが「いったい何なんだろう?」と思うから(笑)。「ROCKET」(異才発掘プロジェクトROCKET)というのは、私が関わらせてもらっている、東京大学の先端科学技術研究センターの中にある、中邑研究室がやっているプロジェクトで、そこでご一緒しているわけですけど、ROCKETはもう何年ですか?

中邑——もう五年を過ぎていますね。

近藤——納沙布もタウシュベツも、ROCKETに所属する「スカラー」と呼ばれる子どもたちと旅しました。なぜROCKETを作られたのですか?

中邑——今〝変わった子〟が排除されているんですよ。ノイズになると。教室の中で、「早く!先生!」と言い続けるとか、きょろきょろ、きょろきょろしているとか。全然先生の意図と関係のない勉強を教室でやっているとか。「邪魔になるからやめなさい」と、追い出される。そして行き場を失って、引きこもったり、中には非行に走ったりということになる。でも、その子たちは何も悪いわけじゃない。やりたいことを一生懸命やっているだけなのに。

近藤——僕もそういう子でした、そういえば。国語の授業で「質問あるか」と言われて、ハイッと、「宇宙の始まりはいつですか?」って(笑)。全然違うことを聞いていました。

中邑——そういう子って、追い出されちゃうわけですよ。だけど、こういう子がいるから、授業が面白いし、世の中が面白い。だから最近は、同じような人ばっかりになってきている。大学生もそうだし、大きな企業に勤める人たちって、みんな協調性があって、みんな教養があって、ね。だけど、なーんだか面白くない。実は追い出されちゃう子どもたちから、イノベーションが起きるんだよ。イノベーションを起こせる存在を、子どもの頃から排除して封じているというのは気に入らないなと思って。で、彼らばっかり集めて、「おまえら、これでいいのか？　堂々と生きろ」っていう教育を始めたのがＲＯＣＫＥＴです。

近藤――凝《こ》り固まった、と言っちゃいけないかもしれないけど、ある種のシステムみたいなものに閉じ込められて。「個性は大事」とか「唯一の花を咲かせなさい」とかさんざん言うわりに、そこに押し込めて、がんじがらめになっている。

中邑――ですね。そこで認められるのは、学校の先生のフィルターを通った子どもが、個性として評価される。だから、そこのフィルターから外れた子どもたちは、個性どころじゃない。「病気」とか、「発達障害」と言われて、薬を飲まされたり、変な治療をされているわけですよ。変な話でしょう？　で、みんな心が傷ついて、うーっと鬱的になって、一言もしゃべらないような感じの子もいっぱいいたじゃないですか。彼らはもとからそうだったんじゃないんですよ。みんな純粋でねえ。それがあんなになっちゃうっていうことがおかしいんで。そういう子どもたちと、一緒に何か始めていこうといって、その中でやっている。音楽って言葉じゃないからわかりやすいんです。まあ、わかりにくくたっていいんですよ。何か心に訴えるものがあるんだから。だって、普段涙流さない子が涙を流すんですよ。

近藤――うん、すごく心のこもったお手紙をもらいました。嬉しかったなぁ。

中邑――ねえ。思い出しても涙が出てくる子もいますからね。納沙布岬や昆布盛《こんぶもり》のコンサートなんかそうですよ。あそこに行ったら、絶対に思い出すね。彼らが八十歳になっても絶対に。

それが僕たちの教育。教科書なし、時間制限なし。やりたいことを、とにかくやれ。ただ、責任をもってやれ。それを俺たちが応援するぞ、という。その中で、いろんな社会でね、活躍されている方々に来ていただいて、いろんなものを見せていただいたり、教えていただいたりしているっていう。それがROCKET。

近藤――そこで成長していくわけですよね。やっぱりそういう敏感な子ほど、自分を守らなくちゃいけないじゃないですか。世の中にはすごく攻撃性の強いものがあったり、本当にうるさかったりするから。そういう守ることに、すごく力、エネルギーを奪われてしまう。成長する、根を張る、伸ばすということに余力がないというのかな、ちょっとかわいそうだなと思いますね。

でもROCKETの子たちは、のびのびしていますよね。

中邑――のびのびする場があることが大切でしょ。音楽だって毎日聴いている必要はないわけでね。その一回の音を聴いたら、なんか元気が出たとか落ち着いたりして。で、また、ちょっとしんどくなったら聴こうという感じで。それと同じで、僕たちの場所はそうなんですよ。毎日ROCKETをやっている必要はない。だけど、ここにいれば、まあ落ち着くし、帰ってこられる場所で、ここの仲間には認められるしという。

近藤――羽ばたいてほしいですね、彼らに。

中邑――勝手に飛び立っていきますよ。

近藤――そうですよね！　今日まで生きていて、そして空は広い。そこに美しいものとか、自分が面白いと思うものを見つけたら、きっと自ら飛ぶんでしょうね。

中邑――こういうROCKETで音楽の教育を受けている彼らは、ほとんどクラシックなんて聴いてないですよ。たぶん彼らは学校に行っていないから、ベートーヴェンもショパンもドヴォルザークも知らないです。だけど、いいなって、たぶん思ったと思う。それが一番重要。そういうところから入っていけるんじゃないかなと思うんですよね。

近藤――本当の教育とは何か、ということですね。

中邑――そう。教室の中で静かにしなくちゃいけない、私の話を聞きなさいという先生の話を聞かされている。だからもう何も面白くないし、それだったらビデオを見てもいいじゃないかと思うようなことになっているわけです。

いや、もうね、鳥が鳴いたら「おおお！」って、みんなで見ていいし、車が通ったら、「何だろう？　あの車は」って見ていい。そうやりながら、先生の話を聞く中で何かが生まれていくのが教育のはずなのに、そうではなくなっているんですよ。おおらかさがなくなって。

コンサートホールも、興行的には最高の環境だし、天気も関係ない。でもつまらない。

美術館だってそう。箱の中に置いたってちっとも面白くないのに。ダイナミズムが生まれない。もっと音楽とか、美術作品というのは、光が入ってはじめてなんぼのもんとか、風が吹いてなんぼのもんだと僕は思う。

なぜこんなことを言うかというとね、僕は若い頃、エアコンのきかない古い車に乗っていて、車についていているのはAMラジオだけ。ザーザー、ザーザー、チューニングを合わせながら、海岸を走っていると、「おお！来た！」っていう、音楽が流れるわけ。あの時の感動って、もうなんともいえないんですよ。この青空とか、海とか、夕日に、予期せず同期するっていうか。

で、今の子たちって、スマホの中に音楽を入れて、海岸に行って、ヘッドフォンして聴こうとする。たしかに素晴らしいんだけど、もう行く前から予測されて、何も起きないっていうものだからねえ。だから、あの頃の感動をもう一回取り戻したいっていうか。そう思って薫さんに特殊な環境での演奏をお願いしたっていうのが、実はあるんです。

近藤——世の中増えてきましたね、あらかじめ演出されたものが。ほとんどがそうか。インターネットにしても、自分が検索しているキーワードがヒットするページ、似たようなページを、AIが勝手に持ってくるでしょう。あれはすごく狭い世界をつくっていますよね。

中邑——そうですよね。で、それをダウンロードして持って行って、どこかで聴くっていうね。

何か偶然で、ということじゃないんだよ。今回、薫さんたちが演奏してくださったのを、子どもたちは曲目なんて知らないんです。

近藤――うんうん。あえて僕らも説明しないですしね。

中邑――そう。そこがやっぱり、一つのポイントのような気がするんですよ。

近藤――ROCKETの子たちに聴かせる時は毎回そうですけど、易しい曲はまったく弾いていないんですよ、僕ら。要するに、教科書に載っているような、有名な旋律とかほとんど弾いていなくて。忖度《そんたく》一切なし。

中邑――まあ、ハッピーバースデー変奏曲ぐらいでしたよね。今でも思い出します。子どもたちに「お誕生日おめでとう」って言ったでしょう。本人はぶっきらぼうな顔をしていたけど、家に帰って親に、「すっごい感動した」って言ったみたい。まあ感動しないわけないよね。

近藤――やっぱりね、みんな平等に命があるということを、彼らに伝えたかったんですよね。ハッピーバースデーも、最初はあの旋律のテーマがあって、その後どんどん変化していく。自分が持っている顔、着ている洋服、性別も、みんな多様であっていい。彼らの勇気になればなと思って。

中邑――なったと思いますよ。

近藤――そしたら、たまたま本当に誕生日だったので。

中邑――ねえ。それだって偶然ですよ。

近藤――彼は何歳ですか？ 高校生ですか。

中邑――S君はね、もう十九歳かな。もう六年引きこもっているんですよ。それで、やっと外に動き始めて。自分でなんとかしなきゃって言って、今北海道で炭窯を作っているんです。

近藤――ああ、噂には聞いていました。木炭を作るための窯を作っているって。もう何年くらい？

中邑――あの炭窯は三年目に入っていますね。彼はあそこで一カ月ぐらい滞在して作っている中、私が馬小屋に連れ出して、薫さんたちの演奏を聴かせたんです。

近藤――ああ、炭窯製作の途中だったんですか。

中邑――そうなんですよ。今もやっています。

近藤――今もやっている⁉ 完成するといいな。そしたらそこでまたハッピーバースデーを演奏しましょう。

鈴木さん

近藤——ROCKETの旅で一緒に行った鈴木康広さん。アーティストというか、なんていえばいいんですかね。

中邑——アーティストでいいよ。

近藤——自分の思いの向くままにいろんなものを創り続けているような方ですけど。鈴木さんともよくコラボレーションをされているんですよね？

中邑——コラボレーションというほどではないですけど。僕がこんなことをやってとお願いをしてね、ええ。

近藤——アートと社会との理想的な関わりを模索するという思いがおありなんでしょうか？

中邑——アートとの理想的な関わりというのは、普段の生活の中に、ステキなものがあるというのがいいですよね。綺麗なもの、美しいもの、カッコイイものが普段の生活の中にあることが、とても大事だと思います。

近藤——人生が色づいていくような感じでしょうか？

中邑——そうですよね。うん。で、それがやっぱり変化するようにしておくっていうか。ものがあると、「あれ？」と気づくじゃないですか。光が当たるとか、暗くなって夜薄明かりになるとか。その中で、作品が表情を変えるっていう。そこが僕はとても面白いなと思って。うちの研究室もガラスがいっぱい置いてあるじゃないですか。あれ、置き方とか組み合わせ方によって変化することを常に楽しんでいる。そういうのを、鈴木君とやりたい。鈴木君の作るものはそういう作品が多いじゃないですか。

近藤——そうですね。この前コラボレーションした「空気の人」って作品なんかね。

中邑——「空気の人」なんて、見る場所で全く違うんですよ。不思議ですよね。ガンジス川で見るのと、アイスランドで見るのと、タウシュベツと、駒場とでは、全部違う。だけど、なんかステキなんですよ。

近藤——説明できない面白さがありますね。写真を撮ったんです、タウシュベツで風で浮かんだのを。こんなのやってきたよって。でも意外とね、「何これ？」って言われるんです(笑)。生で見ると違うんだよな。ライブ感というか。生に触れるっていうのは、結構大事かもしれないですね。

中邑——例えば、鈴木君の「空気の人」が、ここに一体吊るしてあったら、「へーぇ」って言うだけ。

近藤——かもしれないですね。

中邑——うん、きっとね、ここに置いてあったら違う。変化がない。こっちの床に置いたら、たぶん埃をかぶってみんな見なくなる。上の方に吊るしてあったらユラユラ揺れたり、方向を変えたり。エ、今日いいねとかなったり、ちょっと汚れたから磨いてあげようかという気にはなる。

近藤――なるほどね。愛情が芽生えるんでしょうね。

中邑――僕、鈴木君のことを「役に立たないものを作る人」と言っている。

近藤――（笑）。いや、すごいことですよね。なかなか作れないですよ、役に立たないものって。

中邑――そうですよ、しかもでっかいもんばっかりで、邪魔になってもう。

近藤――いい言葉です、役に立たないものを作るというのは、世の中にあんまりないですよね。

中邑――ねえ、みんな機能的なものばかりで。だけど、鈴木君の活動はなんか面白いんですね。

近藤――うん。本当にそう。

中邑――鈴木君はやっぱり、よく考えている。僕よく「透明な人」という（正式な作品名は「レンズの人」）、アクリルを磨いて作った作品の話をするんですが、薫さんにはしていませんかね？

近藤――していないです。

中邑――鈴木君が「第一回ロンドン・デザイン・ビエンナーレ２０１６」に出品するというので、このテーブルと同じ、六〇センチ四方くらいのアクリルブロックを買ってきて、「これを削って、透明な人をつくる」って言うんですよ。ほぉーって言って（笑）。ただ、機械で削ったら真っ白になっちゃったんです、最初に。これどうすんの？と言ったら、「磨いたら透明になりますよ」って。本当？って。じゃあ誰が磨くの？って言ったら、「どうしましょう」って言うから、僕が不登校の子を集めて、磨けと言って、磨き始めて。これ、見てください。

近藤――わー！すごい！完全に透明だ。

中邑――鈴木君が素晴らしいと思うのは、この作品の置き場所が上手。光がどう透過していくとどう変化するかを見ながら。もうね、最高なんですよ。

で、これを磨く時に、T君という引きこもりの子が、二週間ぐらい鈴木君のところに通って磨いたら大体透明になったの。「鈴木さん、これでどうですか？」って自信満々に言ったら、「一〇〇％でいうと八〇％だけど、三〇〇％でいうと六〇％くらいかな」って。そもそもその計算、間違ってるんだけど（笑）。

近藤――ワハハハハ！

中邑――それで三週間ぐらい経ったら、もうピカピカ。「もうこれでいいですか？」とT君が言ったら、「だめだ」って。で、次の日に、「まだですか？」「まだまだ」。で、次の日も聞いたら、鈴木君が「なんで君は何度も聞くの？　君が本当にいいと思うまで磨いてから見せて」って。

今の子どもたちは、一〇〇点ばかりが求められている。三〇〇点や一〇〇〇点を教える教育っていうのはないんですよ。でも鈴木君の作品はそうなんですよね。

ビニールの「空気の人」を「ビニール風船」って言ったら、鈴木君は怒るんだよ（笑）。

◀第１回ロンドン・デザイン・ビエンナーレ 2016 に出品された「透明の人」（提供：The Japan Foundation）

近藤――素材にめちゃくちゃこだわってるって言ってましたよ（笑）。

中邑――何が一〇〇かわからないけど、あれをどこに置くかによって、三〇〇点やら一〇〇〇点になるのが見えるよね。もうね、置き方のこだわりとかやばい。

近藤――この前空気の人と共演した時、弦楽四重奏の演奏会だったんですけど、一曲だけ三人で弾くやつがあって。ひと席空いていたんです。その席に空気の人をのせてあげたんですよ。そしたら、あの空気の人が震えるんですね。

中邑――ああ、音でね。

近藤――ええ。その新しい感覚が僕らにまたインスピレーションを与えるわけです。やっているうちに、今まで見えていた一〇〇〇点が、二〇〇〇点ぐらいの山が見えてきて、今度はそこを登り始める。

中邑――そうなんですよね。だからみんながそれに気づいていくという意味では、あれもすごく役に立っている。だから、ああいうものをどう生かすかということだよね。

目的のない旅に出る

近藤――最初中邑先生からお誘いを受けた時は、もういったい何を言っているのか全然わからなかった！　何を弾きますか？と聞いても、「さあ、何でしょう。あ、外で弾きます」と。野外コンサートかな？と思っていたら、「旅に出る」と。どこへ？と聞いても「よくわからない。ここだ！というところで車を止めて、これだ！という曲を弾いてください」と。面食らいましたよ。

中邑――いったい何を言っているんだこの人は、とお思いになったでしょう。

近藤――はい（笑）。今ではそれが楽しみですが。

先生は子どもたちを連れて旅に行かれるじゃないですか。でもその目的があるような、ないようなところがすごくいいなと思っていて。

中邑――この間、ほら、帯広の高校に行ったじゃないですか、飛び込みで。吹奏楽部のみんなに演奏を聴きかせたいって。そしたら、ちょっと今は大事な時だからって。

近藤――あの子たち演奏会直前でリハーサル中だったんですよ。だからしばらく外で待たせてもらって。リハーサルを盗み聞き（笑）。

中邑――ねえ、だけどあの先生って、すごくて。生徒が腹を抱えて笑いながら一時間ぐらいリハーサルして。大笑いしてるんだけど、「じゃあいってみよう」ってなったら、シュッと静かになって。で、始まると、薫さんが、「音が変わったよね」って言った。あのちょっとした時間が面白かった。

近藤――魔法みたいでしたね。素晴らしい先生だ。

中邑――でも薫さんその後に、「なぜそうなったかを気づかないと、上達しないよ。すぐ戻っちゃうから。いつも繰り返して」ってアドバイスしてあげた。

近藤――そうなんですよね。でもそのうちに、一人、二人気づいていくんですよ。あ、こうしたら自分たちで、先生がいなくてもできるようになると。それがわかってくると、本当に上達していくんですけども。

中邑――もう薫さんや先生にはわかるわけですね。あ、君はすぐいけるって。

近藤――わかります。だんだんそういう子たちが増えてくだろうし、そういう子たちがまた他の部員たちをリードしていくと思うんですね、だから、音楽の先生とかってね、結局教えることって実はあまりなくて。ああいうことなんです。音を一瞬変えてあげるみたいなこと。本人が気づいていくだけで。まあ、でもね、そういうのも音楽界で減ってきちゃって。

中邑――え？ そうなんですか。

近藤――コンクール至上主義が根強いですしね。一等賞を取らなくちゃって。一等賞を取る技術を教えちゃう。

中邑――完璧に演奏しなくちゃって？

近藤――うん、そういうところにみんながフォーカスしてると、やっぱり音楽が生きていないんだな。ちょっと苦しい。

中邑――コンクールも全く別の評価軸になればどうかな。君の好きなところに僕たちが行くから、そこで聴かせてくれというのが本当はいいと思うんです。それだと僕ら楽しいし。そういうコンテストをしません？　全国の小中学生、高校生に、君たちの演奏したいところに行って演奏してくれ、僕たちがそこに行くからって。賞金十万円ぐらいで。楽器はなんだっていい。中高生だったらいいじゃない。絶対に面白いよ。来るかな？

近藤――ねえ、そういうのがあってもいいですよね。でもそう……コンテストにする意味はないですよね。あなたの好きなものを弾いてごらんって。賞金より何かないかな。

中邑――いいですね。面白い。例えば薫さんたちと一緒に旅に出るとか。

近藤――ああ、いいですね。そういうのやりたいんですよ。ROCKETの人たちとする心と心の触れ合いみたいなのが。ここの子どもたちに聴かせる時、どんな音楽会になるのかなって、もう今からワクワクする。

中邑――前回の旅の目的は「はし」から「はし」へ。出発点は日本橋。そこから、どこにあるかわからないもう一つの「はし」を探す旅。それは橋なのか端なのか。もしかしたら箸かもしれない。

近藤——(笑)。なかなか面白い発想だなと思ったんですけど。結局、なんだろう、目的地とか、評価値とか、達成値とか、そういうのを設定しちゃうと苦しいんですよね。そこに至るまでもたぶん苦しいし。至れなかった時も挫折で苦しいし。いっぱい大変なことがあるんじゃないかと。そういうものを設定せずに、ただ行きなさいというのは、楽しみしかないですよね。なんなら行き着かなくったっていい。

中邑——そうなんですよね。

近藤——だいたい、どこに着くかなんて誰も知らないんですし。

中邑——そうなんです。だから、目的地を設定したら、そこが一〇〇点なんです。そうそう、一〇〇点を設定しないっていうのが、これから必要なんだと思う。うん。演奏に一〇〇点って?

近藤——ないんですよ、結局。

中邑——ないですよね。

近藤——演奏するための技術もそうですけども、そのいろんな自分の体のコンディションを整えたりとかそういうことも含めて、もう本当に本当に満足のいく演奏が、もし僕が生涯で一度でもできちゃったとしたら、もしかしたら、もう楽器を触らないかもしれない。

中邑——ねえ。今度ね、「すみからすみまで」っていう旅に出るんですよ。

近藤——ははは。どこに行くんですか?

中邑――インド。

近藤――インド!?

中邑――エベレスト、見に行くんだよ。子どもには言ってないよ。

近藤――おおおおっ！　今度はエベレスト。

中邑――ネパールでそれ見て。いや、ネパールの街角とかでね。たぶん薫さんは、こんな喧騒の中で？って言うけど、あれは素晴らしいハーモニーが僕は生まれると思う。

近藤――大丈夫かなぁ。

中邑――いや、絶対に面白いですよ。もうね、みんな寄ってくるし、誰も止めないし。「なんでこんなとこで」って、絶対言わない。

近藤――あ、そうですか。

中邑――もう、しかもクラクションがパーパーパー、ピーピーピーピーって言うの。

近藤――なんか、撃たれたりしないの(笑)。

中邑――絶対大丈夫。絶対あう。静けさはない。もう、街に行けば、喧騒の中で。

近藤――全然想像もつかない。

中邑――しびれますよ。ねえ。信号が無く、高い建物もなく、埃っぽくて、うん。不思議な町。仏教寺院からお経が響いたりとか、カランカランカランカランという鐘の音が鳴っていたり。

どんなもんだろうなって想像するだけで楽しい。

同質化しない

近藤――音楽家も生きづらい世の中になってきた。みんな同じような演奏をするんですよ。世の中がそうなってきたからか、本当に区別がつかなくなってきたんですよ。昔の巨匠と呼ばれる人たちはレコードとかCDで聴いても、誰の演奏かすぐわかったものなんです。本当に一音弾いたら、あ、これは誰とすぐにわかった。今はわかんない。

中邑――昔の車のエンジンの音は、あの頃はキャブレターで、あ、これは何、とすぐわかるような?

近藤――車、お好きなんですか。

中邑――そうなんです。もうね、今は本当にわかんなくなってきたね。

近藤――あれ、何でしょうね。

中邑――平均値を追ってるから。そしてみんな共用部品になっているから。

近藤――結局、使ってる部品が一緒ということですか。

中邑――そうなんです。みんなそれ、同じように習ってきているから。音楽も同じじゃないですか。こういう風に弾くことが重要だって教えられている。間違いなく弾くということを目指していくと、一緒になりますよ。

近藤――もしかしたら、情報が同時に世界中で共有できるようになったからそうなっているって側面もあるのかな。作曲家もそうなんですけど、そもそも物を作ったりすることって、すごく環境に左右されると思うんです。気候とか。冬寒いと、東北弁みたいにあまり口を開けずにしゃべるということのように。音楽にものすごく直結していたりする。やっぱりね、あったかいイタリアの南の方と、メロディーラインが全然違うんですよ。演奏も違ってくるし。あと楽器も違う。ちょっと暑いところだと、馬の毛の太さがやっぱり一本ずつ違うんです、寒いところと。で、出てくる音が、イタリアはちょっと太くて粘りがあるとか。

中邑――それ、音楽によって使い分けるんですか？

近藤――いや、使い分けはしないです。いちいち張り直すと、馬は尻尾がなくなっちゃいますから(笑)。でも、そういう差が出ていたのが、だんだん出てこなくなっちゃったんですよ。あと、インターネットが出てきてロケーションフリーみたいな風になってきて、全部平均化されてきちゃっているのかなと。ちょっと残念ですね。

中邑――料理の世界もそうです。料理研究家の土井善晴《よしはる》先生がおっしゃっていたんです。結局今のシェフは常に同じ味が出せるようにしていると。だけど、同じ味が出るわけがないでしょう。大根だっていつどこで採れたものかによって違うのに。でも同じ味を出そうとする。調味料や塩などで、そういう風にチューニングしていっている。そうして、これが巨匠のオリジナルの味だって。

近藤――うーん、なるほど。無理やり同質のものを演出するわけですか。

中邑――土井先生がおっしゃたことで面白いなと思ったのは、食物学ってあるけど、食事学ってないよねって。〝食事をいただく〟ということが大事なんだ。だからこれは食べる人が一人ひとり学ぶべきことなんだって。「ああ、今年の大根は雨が多かったからこういう味なんだな」と。つまり、食事を楽しむという方向に行くべきじゃないかとおっしゃるんです。そういう人たちが大事にしているものというのは、やっぱり固定的なゴールのない世界だと思うんですよ。それを、みんなもっと共感できる人たちを増やしていくと、たぶん、アートも料理も、いわゆる音楽も、広がる。

近藤――一人ひとりが学ぶべきという言葉が出ましたけど、学校でやっていること、音楽の授業ですけど、あれは音楽じゃないですからね。

中邑――本当の音楽は違う。音を楽しむっていうのは、まさに食事学に近いほうだと思う。

近藤――そもそも社会全体が画一的、平均化しようとする流れにある気がします。

中邑――大学教育もそうなんです。やっぱり画一的で、物を覚えて、技術を覚えて、詰め込んで。でも、人とは何かということを気づいてないよねって。

　薫さんはいつも人を見ている。だからあそこの吹奏楽の子どもたちにも、「聴いている人を見て演奏しなさい」と最後におっしゃった。ああ、それをやっぱり考えておられるんだって。

近藤――いやぁ、でもプロでも定まりづらいというか。社会に何かを投げかけるってすごく怖いことですよ。例えば、ＳＮＳとかでも何か発信した時に炎上しちゃうとか。そんなつもりがなかったとしても。演奏家だって人の子ですから、そういうのは恐ろしい。だから、その前に、十分に自分のために弾いておかなくてはならない。自己愛をしっかりと確認してからでないとダメです。そうしてから、誰かのために演奏をする、伝える。吹奏楽部の子たちは、そもそも吹くのが楽しくて楽しくてしょうがないから、逆にそういうところはクリアしているわけです。

中邑――なるほど。あの牧場の馬、誰が演奏しても鳴くもんじゃないような気もしてきたんだけど。

近藤――どうなんだろう⁉　それこそベクトルの問題で……。どこに向かって演奏しているかっていうのが、自分に向かって演奏している段階では、やっぱり鳴かないでしょうね。

中邑――ああ、なるほど。

近藤――外に向けて、外に対して投げかけている時というのは、聴いてくれる可能性はあるけど、自分のために弾いている状態だと、もしかしたら……。

中邑――鳴かないかもしれないね。

楽しく生きる

近藤――一つお聞きたかったんですけど、先生はいつも楽しそうにされているなと思って。いろんなことをやられているじゃないですか。そして全てのことに対して、すごいエネルギーをたくさん使われているように思うんですけど、そのエネルギー、モチベーションというのか、源泉というのか、それは何なんですか？　自然と出てきちゃう？

中邑――社会に対しての怒り。

近藤――あ！　そうなんですか。うーむ。

中邑――俺はこんなに楽しく生きられるのに、楽しく生きられない人がいるというのがねえ。よくね、「先生はいいなぁ」って言われる。楽しそうでいいね、って。おまえもこうすればいいじゃないかって言ったとしても、言えない子がいっぱいいるわけじゃない。そりゃそうだよなって、この境遇じゃやなって思う。うん。それはやっぱり彼らが悪いんじゃない。社会が悪い。で、社会に対する怒りって、一生消えませんからね。個人的なモチベーションはすぐ下がるんです。満たされるから、ああ、もういいかなって。でも社会は絶対よくならない。

近藤――そっか。うーん。やっぱり外を向いてやっていらっしゃるんですよね。

中邑――外を向いてやらなきゃ続かないですよ、ねえ。自分ってのは飽きる。

近藤――うん、僕もそう思いますよ。
中邑――ね？
近藤――はい。引きこもっちゃう人たちというは、飽きないんですかね？
中邑――いや、飽きているけど、どうしようもないんだよ。引きこもっているからこそ、どうにかしたいと思っているけど、そこから抜けられない。出たい子はいっぱいいる。でも、もう人が怖いとか。
近藤――ああ、やっぱり何か理由があって。
中邑――そうです、そうです。こもったらこもったで、自分は出られない、出なきゃいけない、遅れている、ダメだって、自分を傷つけたりね。
近藤――それに対する、社会に対する怒り。
中邑――おかしいよね。
近藤――なんとかしましょう。なんとかしましょうと言うか、ちょっとずつでも仲間が増えたら。
中邑――また一緒に旅ができたらいいね。
近藤――是非とも。僕はずっと旅してるみたいなものなので。また一緒に。今日はありがとうございました。

言葉や音楽は、発信者の見えないものも伝わる

対話者▼佐々木理恵氏 Sasaki Rie
NHK福岡放送局キャスター

一九八三年生まれ。九州大学大学院芸術工学府修了。大学では音響設計を専攻、アートやデザインについて学ぶ。二〇〇八年からNHK福岡放送局にキャスターとして勤務。「熱烈発信!福岡NOW」(二〇一二〜一五年)、「おはサタ!」(二〇一五〜一八年)等に出演し、二〇一八年四月から「おはよう九州・沖縄」で平日毎朝の顔の看板キャスターとなる。気象予報士、防災士の資格も持ち、ニュースとともに九州・沖縄の気象情報について詳しく解説する。暮らしや心を豊かにし、命を守る放送を目指して日々臨んでいる。

[対話:2019・6・30 せいが法律事務所]

音楽家とキャスター

近藤——今回はＮＨＫ福岡放送局キャスターの佐々木理恵さんとの対談です。私が九州交響楽団時代に懇意にしていただいていました。さまざまな文化人とのおつきいのある佐々木さんとは、九響の取材はもとより、いろいろな場面でお会いしましたよね。今日は音楽家と言葉のスペシャリストとの対談です。よろしくお願いします。

佐々木——よろしくお願いします。

近藤——佐々木さんは音楽の分野にもとてもあかるい方ですが、ご自身も音楽をやってらっしゃったんですか？

佐々木——はい、小さい時からずっとピアノをしていました。大学は芸術工学部の音響設計学科だったんです。音大に行くか迷ったんですが、当時福岡から出たくない思いがあったので、地元の芸術工学部を選びました。というのも、音で心を動かすってすごいなと思っていたんですよ。だからなぜそんなことができるのか知りたくて。芸工に入れば心理学もあるし、デザインや人間工学も学べます。社会にデザインをどう活かしていくかという視点の方がおもしろいかなと思ったんです。

近藤――専門的なこともお詳しいんですね。例えば、コンサートホールの音響とか。

佐々木――一応、たくさん難しい計算もして勉強しました（笑）。むしろ国語は苦手だったんです。理系人間で。あ、勉強については、ですよ。だから理路整然としたもの、答えがあるものの方が好きだったんです。クラシックはわりとはっきりしていますもんね？

近藤――そうですね。クラシックはかなり論理的な音楽だと思います。というか、それだけ研究されてきた音楽は世界に類を見ません。

佐々木――確かに。この仕事を始めて、「ああ、私よくしゃべっているな」と思うんです。そこはもう、自分では苦手だから必死にやらなきゃという気持ちでやってきました。親しんできた音楽と違って、言葉に関しては苦手意識もあるので、慎重に選んでいるところはあるかもしれないです。なるべく感覚を大事に、咀嚼《そしゃく》して。

近藤――あらゆるジャンルに精通されていて、すごくバランスがいい方という印象ですが、音楽と言葉というのは、全く違う性格を持つものだと思います。そのあたりはどうお考えですか？

佐々木――構築という点では同じですが、言葉で表現できることはとても限られていますね。よくもどかしい思いをします。同じ思いを届けたいとしても、音楽と言葉でそれぞれ得意とする表現の領域がありますよね。

音楽をしてきて今は言葉を使う仕事をしているという点では、九響や近藤さんとのお話なんかで、私の中では整合性がとれるんです。これを世に出したいとか、幸福度を上げたいみたいな。音楽が届けたいことを、言葉の表現に置き換えることができる。それに加えて、社会の仕組みをより良くしていくことと、心が幸せであることの、両方が大事だなと思っています。心の面では、音楽・芸術が担う役割は結構あるんじゃなかろうかと思っていて。

近藤――ははあ、幸福度を上げるというのは素晴らしい言葉ですね。シンプルで真理をついている。

九州時代

佐々木――近藤さんは九州交響楽団のコンサートマスターであられましたね。福岡での思い出をお聞かせください。

近藤――私が特に印象深いのは韓国の領事館の、あれはどうして行ったんだっけなぁ……、何か文化交流年だったかで、総領事にご挨拶に行ったんです、九響の人間として。佐々木さんにも取材に来ていただきましたね。そこで「浜辺の歌」を演奏でプレゼントした後に、サプライズで二曲目に「アリラン」を弾いたんです。韓国の第二の国歌というんでしょうか……。

佐々木――覚えています。皆さん涙されて。韓国領事館でというのは、福岡ならではの感じがしましたか？

近藤――やっぱり福岡は大陸が近いですよね。韓国だけじゃなくて、アジアとの接点が一番近いじゃないですか。歴史的にも交易があったり。基本オープンですよね。「どうぞ、いらっしゃい」みたいに。

佐々木――はい。「福岡、いいとこやろ？」っていう感じですよね（笑）。

近藤――あと思い出深いのは、博多祇園山笠で東流れの会合みたいなの。

佐々木――直会《なおらい》ですね。

近藤――そう、直会に連れて行ってもらったことがあって。それはすごく嬉しかったですね。あ、九州男児だ、と思ったんです。締込みで、破天荒で、みんなでお酒を飲んで。僕は洋服を着ていたので、逆に恥ずかしかったです。

佐々木――直会のあの時って、女性は入れないんです。

近藤――ああ！　そうなんだ。そういえば男の人しかいなかったな。

佐々木――ここからは、と区切られているんです。そこはしっかりと。そこでお酒を飲まれて？

近藤――はい。これは乾杯だということで、飲み干さなければいけないんです。結構大きいコップで。でもまあ、そこがやっぱり男同士の付き合い方で。一緒においしいお酒を飲みま

したね。

佐々木――その時は、福岡に受け入れられたな、という感じはありましたか？

近藤――どうだろう。でも、たぶんもっと段階があるんじゃないかな。次は締込みをして参加しなくちゃ。あと、あれもだ、宗像《むなかた》大社の沖ノ島。これは実現できなかったんですけど。

佐々木――女人禁制の島ですね。

近藤――そこに禊《みそぎ》をしに行きましょうと誘われて。そこには全裸で行かなくちゃいけないらしいんですけど。でも結局スケジュールが合わずで。それはすごく残念でならないです。

佐々木――わりと精力的に九響以外のところに出向いていましたね。

近藤――そうですね。そもそも、大学を出た後は東京フィルにいたんです。東京フィルに五年ぐらい勤めて三十歳の時に一回出た。で、一年ふらふらしてというか（笑）、いろんなオケでもう一度勉強をしてまわっていました。そんな時に九響がコンサートマスターを探しているというのを聞いて、一度ゲストコンサートマスターとして演奏会に参加しました。その時に、九響の皆さんと話をして。当時コントラバス首席の深澤功さんと膝を突き合わせて話をして。深澤さんは熱い男で、ちょっとほだされましてね。九響に入ったんです。

東京はたくさんオケがあるんですけど、九州は九響だけで。九響はね、すごくクオリティが高いんです。いいオケで、独自のものを持っているし。

佐々木――福岡生まれ、福岡育ちの私としては嬉しいです。熱い演奏をしますよね。

近藤――ちょっと気がかりだったのは、プログラムのラインナップが変化に乏しくて。前時代的というか、なんでこういうことをやっているんだろうと思って。

クラシックって二つ側面があって、伝統を守るということと、革新性を保つという、その両方がないとダメなんです。片方だけだとおかしなことになっちゃう。

伝統の方はたくさんあるけど、革新性がほとんど見当たらなくて。それで、いろんな九響以外の人と話して。それで気づいたのは、街自体が逆に追いついていないなと。街に文化がないというのでは決してないんですけど。クラシックに対する感覚を上げないかぎりは、これ以上九響は次のステップにいけないなと思ったんです。それで、佐々木さんもそうですけど、いろんな方とお会いするようになったんです。九響というのはすごくいいオケなんだよと。もっと誇りに思ったほうがいいと、あらゆるところに行って、いろんな人にそうやって言ってまわりました。

やっぱりね、自分の街にオーケストラがあるというのは凄いことなんです。セミプロオケみたいなものは結構あるんですけど、本当のプロオケというのは、なかなかできないんです。欲しくても作れないし、維持できない。

佐々木――よくそういう話をしましたよね。福岡の人たちは、九響があることを、もっと誇りに思ったほうが良い！と。でも、なかなかクラシックとなると、好きな人しか聴きに行かないという部分も見えて。それをどうやって変えていくかと熱く語りましたね。

嬉しかったのは、薫さんがまだいらっしゃった時だと思いますけど、私の大学のゼミの教授で、現代音楽家の中村滋延《しげのぶ》先生が作曲した曲を九響が演奏したんです。あれは嬉しかったですね。今生きている人が作った音楽。しかも地元で活躍している人の作曲です。

近藤――あれは素晴らしい企画でした。我々にとっても演奏会の時にすごくプラスになるんです。もちろん街にとってもね。クラシックファンからしたら、もっと別の曲が聴きたいと思われるかもしれませんが。でもね、クラシックというジャンルは、どこまでクラシックなんですかと言ったら、本当は線を引くことはできないんですよ。

佐々木――ジャズにしても、今はヒップホップとかロックとかポップスにしても、もとはといえば、いわゆるクラシックの流れから派生しているので。今先端でどんどん更新されていっている状態ですもんね。現代アートにしても何にしても、更新されつつ、すごく普遍性がある気がしますね、アートには。人種や時代を超えて。

近藤――そうだと思います。時代とか、その時の社会状況ってそれぞれ違うじゃないですか。宗教も違うし。でもあらゆる人に平等に存在し得る。科学的には、例えばアフリカの原住民の子どもたちにクラシックを聞かせても、だいたい同じような脳波が出る。それを今どう思ったか説明してってなったら、それは生きている社会が違うので違う言葉を使う可能性があるけれど、どう感じているかを測定すると、だいたい同じ数値になるんですって。そこは人種とか本当に関係ないというのは、一応証明されている。これはどうやら耳の身体的な構造も関係しているようですが。人種や時代を超えるというのは、芸術家の独り言ではないんです。

佐々木——なるほど。アートというツール……。「繋がりたい」という人間の気持ちとか、そういうところから生まれてきた、とても純粋なもののような、純度の高いものという気がしますね。純度の高いものだけが残っているのかな。

エッセーを書くこと

佐々木——近藤さんは、なぜエッセーを書いたんですか。前から文章を書かれていた？

近藤——いやいや、ぜんぜん！　今回の本、もともと「西日本新聞」の随筆欄で連載をさせてもらったんです。最初は、その前に「言葉と音楽について」という記事を一本書いたんです。書く前の僕は、言葉と音楽は何か相反するものなのかなと思っていたんですけど。書き終えてみたら、相互作用が多分にあるなと思って。それで編集者の方から「連載してみませんか」という提案を貰ったんです。いやあ、それはさすがに無理だと思ったんですけど、「新しいアウトプットができると思う」と言われて。書いてみたんです。

社会の中で音楽とは何なのかということは、音楽家にとっては自分のアイデンティティは何なのかということと一緒で、ずっと興味があったし知りたかった。その編集者の方が言うには、「音楽家から見た世の中はどういうものか、みんな興味がある」と。だったら、自分が何か心が動いたものについて書けばいいかなと思って書きました。最初はすごく表面的なことしか書けなかったんですけど、ある時から少し深いところから書けるようになりました。

佐々木――それは、何かきっかけがあって？

近藤――はい。その時、国際社会でとても理不尽な、人間の愚かさを垣間見るような出来事が続いていて。怒ってたんでしょうね。

佐々木――怒り、ですか。

近藤――そう。正確には怒りという感情で合っているのかはわかりませんが。そこからは言葉の出てくる所在の深さが変わったというか。

でも、苦労しましたね。「新聞の随筆は、中学二年生ぐらいの子でも読めるような言葉で」と言われていて。結構難しかったです。やっぱり考え込んでしまうと、ちょっと難しい話になってしまうんです。難しいことをわかりやすくするのはすごく大変じゃないですか。そういう意味では勉強になりました。僕はもともと根がつまらない人間なのか、難しいことを口走ることが多いんです。やっぱり一回噛み砕いで軽い文章にするというのは、なかなか難しい。

書いていて、もう一つ発見したのは、文章って、作曲するのとたぶんちょっと似ている。

佐々木――これね、私は同じだと思います。

近藤――あ、本当ですか？　まず題材、構成ですよね。曲だと、例えばソナタ形式とか、いろんな形式があるんです。落語で言う枕、序奏があってとか。文章もそういう風にやってみたりとか。あと、文字のリズムというのが。

佐々木――ありますよね。いいリズムの文章って入ってきやすいですよね。やっぱり、修飾語が無駄に多かったりすると読みにくかったりします。

近藤――あとは言葉の強さ、その単語が持っているエネルギーの強さとか。

佐々木――オクターブのあの感じとか。すごく荘厳な感じだったら、言葉でいうなら、まさに「荘厳」になるんですけど、画数の多い漢字で。

近藤――日本語は面白いですよね、片仮名、平仮名、漢字を使い分けられるというのは。

佐々木――そうですね。楽譜もすごく黒い楽譜とかあるじゃないですか（笑）。

近藤――ありますね。中身がないわりに音符が多いね、とか（笑）。

佐々木――やはり、パッと見の印象で、読みたくなるかどうかというところは、すごく共通点がありますね。そういう意味では、私も音楽をしてきたから、普段コメントを考える時も、無意識にそういうことを思っているかもしれないです。大事なのは視聴者の皆さんにどう作用するかなので、冒頭に印象的なフレーズをもってこようとも考えていますね。

近藤――ニュースとかだと時間が限られるから、最初にポンともってこないといけないのかな。

佐々木――そうですね、あとフリートークを構成する時とか。ニュースはどう伝わるかというところで、それこそわかりやすく印象的に、というのはありますね。

キャスターとは

近藤――キャスターという職業の人には、ほとんどお会いしたことがなかったんです。どういう仕事なのかなというのは、実は最初お会いした時はよくわかっていなくて。その後いろいろお話をしていくうちに、言葉を扱う職業の方というのが、だんだんに不思議に思えてきました。ニュースを読むということは、情報が視聴者に届かないと意味がない。テレビ画面に映ることで、そこに佐々木理恵という人間が過剰に存在してはいけない、みたいなことをおっしゃっていた覚えがあるんですけれど。

佐々木――そうですね、そういうことも考えていましたね。ちょっと音楽に近いかもしれないですけど、楽譜があって、それを作った作者がいて、最終的に届けるという役割ですよね。ニュースでは、取材者がいて、もちろん自分で取材することもありますけど、手元にきた原稿には取材者の視点と情報があって、どう広く伝えるかというところです。そういう意味で自分自身が入りすぎてはいけないという感覚で言ったかもしれませんね。

近藤――入りすぎてというのは、客観的でなくてはいけないということ？

佐々木――それこそ、ただ伝えるだけでよければＡＩでもいいので、まったく無というわけではないんです。佐々木理恵が伝えている。この人はこんなことを感じて、社会がこうなってほしいと願っているっていうところは、伝わらなければいけないなと思います。

近藤――テレビ画面を見ていてもわかりますよね、どういう方なんだろうなというのは。視聴者が感じ取る、というか。

佐々木――ニュースの原稿も一言一句間違ってはいけないんですけど、それをどんな風に立ち上がらせるか。どうそこに魂を入れるかというのは、たぶん一人ひとり変わるんだと思うんですよね。

近藤――それは音楽と全く一緒ですね。原稿には文字という記号が並んでいるわけで、楽譜は音符が並んでいる。それをどう、解釈というのでしょうか、自分に落とし込んで発するかということで。

佐々木――ねえ、そこはちょっと似ているところかもしれませんね、音楽と。

近藤――そうなんです。この原稿は読みたくない、というのはありますか。

佐々木――これね、あります。これ、はっきり言っちゃっていいのかな、フフフ。

近藤――ありますか！　アハハハ！　もうその原稿がなかったことにして読まないとか⁉

佐々木――いや、それはできないんですよ。そこはキャスターとして闘わないといけないところだなと思っているんです。そんなにはないですけど、ごくたまに、これを聞いた人が傷つくんじゃなかろうかとか、これはこう捉えたくはないなとか、それを私の口から発したくはないと感じる時があるんです。

それは、原稿を書いた記者やデスクの意図を、私が理解できていないから、ということもあります。私の思いが至っていないだけで。こうじゃないですかと、ひと声かけることで、ああ、そういう見方もあったのかと、気づきが生まれる場合もありますので、そこは見逃さないように、自分の感性を研ぎ澄ませていないといけないなと思いますね。大事なのは自分の腹落ち感です。

近藤――そもそもニュースの取材をする方がいらっしゃって、映像とともにお話を聞いていらっしゃって、その方が原稿に書く。そしてそれで打ち合わせをするわけですか？

佐々木――ニュースの場合は打ち合わせとかはないです。

近藤――ないんですか！　とにかく原稿が来る、読む。来る、読む。

佐々木――ええ。でも前段階の作業は横でしているわけです。取材現場を感じる想像力も必要ですね。なので、流れはわかっています。

近藤――一応、同じ場を共有していて？

佐々木――はい。ただ、それぞれが動いている感じですね。確認することが出てきた時は聞くし、これはこの順番ではない方がいいんじゃないですかとか。そういうところがないと、本当に、ただただ読まされているマネキンみたいになってしまうわけです。そこはやっぱり、私はまだまだ未熟ですけれど、研鑽していかなければいけないところだと思っています。でもそれは音楽もそうじゃないですか、終わりがない……。

近藤――それはね、我々はそういう職業なので、終わりがないということ自体、お客さんに伝える重大なことの一つでもあります。まあ、自分の演奏に納得するということはないでしょうね。

佐々木――常に演奏し終わって、こうだったなとかああだったなとか、反省なりなんなり？

近藤――します、します。反省しかしていないです。

佐々木――そうなんですね（笑）。

近藤――もちろん準備をして、オーケストラだったら事前に準備していくわけですよね。個人個人が準備をして、練習場にみんなで集まって、指揮者が来て。長くて三日間のリハーサル。ただ、リハが始まる時にはもう、ある程度見通しを立てて僕は行くんです。リハの初日に失敗してしまうと結構大変なんですよ、修正がきかなくなっちゃうので。あ、これはコンサートマスターをやる時の話です。

佐々木――だいたいリハーサルは二日か三日ですか？

近藤──多い時は三日取りますけど稀です。

佐々木──で、一日目に、あ、まずかったな、うまくいかなかったなとなると、もうあと一日しか残っていないということですか。

近藤──そうですね。音楽の場合だと、あそこがまずかったからこう変更しましょうというのはものすごく難しいことなんです。というのは、「あそこ」というのはわかります、何小節目がよくなかった。じゃあ、どうよくなかったのかというのを、言葉で説明できないわけです。例えば、ちょっと強すぎたから弱くしましょうとなると、どれぐらい強過ぎたか、何が強過ぎたのか。リズムなのか、ハーモニーの感覚的なことなのか、単純に音量なのか。いろいろあるんですけど、違ったと一口に言っても、人によって捉え方が変わります。それを説明すればするほど、実は音楽の本質からは乖離《かいり》していってしまうんです。「じゃあどうする？」「こうしてください」というのも、説明すればするほどダメになってしまうので。そうすると、演奏して、「この方向でいきますよ」ということをみんなで共有するしかないんですね。

佐々木──なるほど、まさに音楽と言葉の関係の難しいところですね。

近藤──初日のリハーサル、最初のインプレッションはすごく大きくて。最初にパッと全部吸収してしまうので。それを一回払拭《ふっしょく》して新たなものを入れるのは、たぶん三倍ぐらい時間がかかってしまう。その時間は取れないので、ほとんど一発目が勝負。そこで違うことになったら、まあ、軌道修正するなり、そもそもの到着地を変更するなりということをしなければいけないんですけども。ただ、偉大な作曲家であればあるほど、突き詰めていくと、どんどん純度が高くなっていくんです。これ以外絶対にあり得ないという感覚に、こっちが感化されていくんです。偉大な作曲家ほど無駄な音符を書かないですから。

佐々木――ふーん、なるほど。それに重ねるのもあれですけど、放送中のどんな言葉を、どの間で、どこに入れるか、というのは、ものすごく考えます。ともすれば、だらだらしゃべっているようになってしまうわけで。それではいけない。なるべくセンテンスを短く、印象的な言葉を、ここというタイミングで、ここをこういう表情で言う、みたいな。リポートの後、スタジオに返った時にどう受けるか、とか。

近藤――なるほど！ あれは難しいですよね。原稿と原稿の間に一言ポッと入れるやつでしょう。

佐々木――そうです。どんな一言が言えるか、いつも問われているなと思って。無駄が多ければ散漫になるし、研ぎ澄まされていなければならない。そういう意味で、クリエイティブなところで共通性があるのかなと思います。

近藤――それはどの時点でその言葉を言おうと決めるんですか。放送中ですか？ 基本、生放送ですよね。

佐々木――はい、生放送です。基本的には、これを言いましょうねというのは事前にすり合わせはするんですけど、ＶＴＲを見終わった段階で「ああ、やっぱりここだな」と思った時には、それを入れたい。そこで私が考えるのは、何を言うかはもちろん、果たしてこれを言っていいだろうか、ということです。誰かが嫌な思いをしないか、まずいことにはならないだろうか、言葉に発してどう届くだろうか。自分の中の〝手前の確認〟と〝その先、どう届けるか〟という両方のベクトルで、何十秒かの間でうーんと考えます。

言葉を伝える

近藤――言葉がどのように伝播《でんぱ》していくのか。受け取る側によって意味が変わってきてしまったり。ちなみに、まずいことになってしまったことはありました？

佐々木――私はわりと安全運転なので（笑）。職場のお互いの信頼関係から、良い意味で挑戦できる安心感はありますよ。「生」という点では演奏もそうですよね。

近藤――すごいことを聞いてもいいですか？　最近、「不謹慎な……」ということがよく言われるじゃないですか。ちょこっと何かを言っちゃった時。本当に不謹慎な時もあるけど、まるで揚げ足をとるようにして袋叩きにしちゃうとか。ちょっと不寛容すぎますよね。

佐々木――何かちょっと気になるアクションがあった時に、反応がうわっとなる。そのスピードの速さと規模は、今、波がすごく大きくなっているなと思いますね。

最近私が感じたのは、引きこもりの人たちが事件になってしまったのが続きましたよね。川崎の殺傷事件の時に「自殺するならお前一人で死ね」とキャスターが発言し、コメンテーターも次々に同意見を述べたことがありました。それについて賛否両論でワーッとなりましたね。

確かにあらゆる意見があって当然ですし、それを包括してゆきながら社会って変化していくんだと思うんです。もちろん事件はあってはいけないことです。でも、そもそも事件が起きてしまった背景には、その人がそんな風に追い込まれてしまった。それを救えなかった社会がある。

近藤――いろいろな意見があっていいわけで、もちろん批判もあっていいんです。でもそのやり方というかね。言葉って難しいですね。具体的に残ってしまいますからね。

佐々木――そうですね。その影響力の大きさとか、それによって何がどう変わるかみたいなことは、すごく大きく感じます。

近藤――対話する時に、私たちは音楽家なので、音楽によってのコミュニケーションということが主なんですよね。言葉というものを使ってコミュニケーションをとる時に、そもそも真意が伝わらなかったりとかって、いっぱいあると思うんです。それがすごく難しいと思うんですけど。言葉でコミュニケーションをとっている時に、どうやって情報を受け取っているかというと、六割ぐらいは体の動きなんですって。

佐々木――ああ、イタリアの方とかもゼスチャーが多いですもんね。

近藤――彼らは、動きに意味がありますからね。僕らもそう。あとはイントネーション、言葉の抑揚《よくよう》が四割弱ぐらいで、言語としての意味、単語でコミュニケーションをとっているのは、ほとんど数パーセントらしいです。その辺はどうですか？　音楽家からすると、まあそうだろうなと思うんです。

佐々木――はい、はい、たぶん感覚優先の……。

近藤――ほとんど伝わらないでしょうって思うんです、言葉って。

佐々木――そうですね。面白い。わかります。例えば、「あなたのこと嫌いです」とか、マイナスな言葉をすごい笑顔で、ハートフルなオープンな感じで言ったら、たぶん「え？ 真意って何だろう？」みたいになりますよね。たぶん、言葉を発する雰囲気とか、波動みたいなものがあるなというのは思いますね。それはテレビにおいても、音声表現においても、「言語」という以前に自分がどんな心持ちで、どういう波動を今出したいのか、すごく意識しますね。

近藤――それは意識して出すんですか？

佐々木――そうです。意識的でもあるし、自分自身でもあるし。音楽では演奏家としては、どのくらい自分というのは反映されるんですか？

近藤――うーん、全部。というか全部出るべきだと思っています。それは怖いことでもありますけどね。勇気のいること。佐々木さんも全部出ちゃうタイプ？

佐々木——私もそうですね。さらけ出して受け止められなかった時に傷つくのが怖い、というのも理解できますね。ただ、その裏返しにというか、仕事をしていくうえでも、日頃でも、愛情と、なんですかね、〝受け止めます〟というものが、すごく大事にしたいところかなと常々思っていますね。何を発信するにしても、受けるにしても。やっぱり自分を出す時に怖い時もありますけどね。さっきの不寛容な世の中というところにも通じるかもしれないですけど。受け止めない、受け止めてもらえないみたいなやり取りが多いじゃないですか。批判したり、ちょっとしたことで攻撃をすることで自分を保とうとする人がいたり。社会全体がもっといろんなことを受け止められる度量みたいなのが生まれると、生まれるというか、育まれるといいなと思うし。

近藤——やっぱり社会的な生き物なんでしょうね、人間って。かなり根底の方にあるのかな。

佐々木——やっぱり一人では生きられないですしね。

近藤——オーケストラも一人ではできない。

佐々木——オーケストラであれだけの楽器の人たちが、ものすごくアンテナを敏感にして、音を合わせて、その波がお客さんにも伝わっていく。そう考えるとすごいですね。

近藤——そうね、不思議なもんで。でも、オーケストラのプレイヤーって、そうやって力を合わせて演奏しているじゃないですか。だけど意外と休憩中とか、みんな仲がいいわけじゃないんですよ。

佐々木――（笑）。面白い！

近藤――全然気の合わない人がいっぱいいますよ。

佐々木――生放送もちょっと似ているところがありますね。しゃべり手がいて、カメラマンがいて、卓でスイッチングする人がいて……。ある意味オーケストレーションみたいでしょう？

近藤――それは放送が終わるとみんな仲が悪いの？

佐々木――（笑）。そりゃ悪い人同士もいますよ、きっと（笑）。もちろん、生放送が終わった時は、一緒にやり遂げたという感じは生まれます。これはタイミングが一秒遅いとか、〇コンマ何秒の感覚が違うとか、細かいですけど（笑）、その感覚をみんな感じながら生放送しています。終わると、あそこはこうでしたね、ああでしたねと話をして、より良いチームになっていくという。

近藤――一つの作業に対してコミュニケーションをとっていく。何か共通の目標があるとそうですよね。

佐々木――そうですね。これを発することによって、こうしたい、みたいな。そこが同じ方向を向いていないと変な仲になりますね。

近藤――でもまあ、その同じ方向を向くのが難しいんですけどね。

佐々木——そうですね。うまく巻き込んでというか、みんなで協力してというか。でも、そこはコンマスだと、まさにそういうリーダーシップが大事な仕事じゃないですか。

近藤——まあ、しょうがなくみんなやってくれているのかもしれないけど（笑）。指揮者というのがいて、彼は音を出さないわけですから。それに対して、自分は実際に音を出すので、大きく方向性を決定しなければいけないことがたくさんあるので。そもそも、まずそういうのを団員に向けて発信しなくちゃいけない。「こういう方向性でいきます」というのを伝えなければいけない。そのためには結構あらゆることをしますよ。自分に直接関連することもそうですけど、それ以外のことも。オーケストラはいろいろな立場の人がいますから、いろんなタイプがいますよね。わりとこう後ろから、バランスを読む人もいるし。

佐々木——はい、トップランナーもいるし。

近藤——僕とかは、わりと皆さんとコミュニケーションをとって、「元気？」みたいな話をしたり、「これ、どう思う？」と聞いてみたり。

佐々木——オーケストラの活動の中で一番大事にしていることは何ですか？

近藤——一番大事にしていることは、オーケストラのプレイヤー一人ひとりが〝活きている〟ということかな。大勢でやるのって、さぼっていてもバレないんですよね、簡単に言っちゃうと。

佐々木——それって結構意外ですね（笑）。

近藤――ちゃんとやりますよ。ちゃんとやるんですけど、そこに、何ていうのか……。

佐々木――本気がない、みたいな？

近藤――ええ、魂が入っていなくても演奏は進むわけです。でもそれは、演奏としては面白くないでしょう。でもね、場合によっては、魂を込めるみたいなことをさせてもらえないような状況になっちゃうこともあるんですよ。残念ながら。「考えるな」と言われちゃったり。オーケストラにかぎらず、世の中って結構そういうことありますよね。「言われたことを黙ってやっていればいいんだよ」ということになってしまうと、その時はしゅんとしてやって、次で巻き返すというのもあるかもしれないですけど、そういうことが続いてしまうと、そもそも考えることをやめてしまう。「そうだよね、九時―五時で言われたことをこなして帰ればいいや」みたいなことになる。そうなるとやっぱり思考が停止する。

一人ひとりが活きていると、オーケストラが一つの生き物みたいになる。生物みたいになって、プレイヤーたちは臓器であり、筋肉でありとか、いろんなことを担当しているんです。一人ひとりがいいパフォーマンスをすることはすごく大事なので、それができる、その人の人間力みたいなものを発揮できている時は、たぶん演奏としては面白い。

「こうやって弾きなさい。全員言うことを聞きなさい」だったら、揃うのは簡単。そのかわり面白くないと思うんです。自由にやる。みんなが自由に自分の全てを発揮する。しかも相手を尊重し、出来上がったものが一つの大きなものになる、一つになる。そういうことができたら一番いいのではないかな。

音楽とは

近藤──京都大学の山極壽一総長（当時）もおっしゃっていましたけど、大切なのは共感力。それって、ほとんど本能的なんですって。○歳、一歳ぐらいの赤ちゃんに、赤い人形と青い人形、色のついていない普通の人形を三つ用意して、色のついていない人形が箱を開けようとする。赤い人形は、開けようとしているのを助けてあげる。逆に青い人形は、開けようとするのを邪魔する。それを見せた後に、赤青どっちの人形が好きか選ばせると、赤を選ぶ。

それは色を変えても結果は同じで、色で判断しているのではなくて、行動を見て、協力し合うということをなんとなく理解してそっちを選ぶんですって。何も教えなくても協力し合うという、どうやら社会的な生き物らしい。音楽が生まれた瞬間って、きっと一緒に歌いだしたんでしょうね。

佐々木──なるほど。音楽がそこに入った瞬間に協力できるとも言えますね。

近藤──そうですね。音楽にはそういう意味があるのかもしれない。

佐々木──ええ。手を取り合うために音楽がある。

近藤──普段の生活ではいがみあっているけど、みんなで音楽をやったら、その瞬間だけは少なくとも平和だとか。

佐々木――そうですよ。確かに。ずっとみんなが音楽をやっていたら、平和ですよ。

近藤――そういう部族内の平和活動だった可能性もありますよね。この週の何時は音楽の時間と決めておいて、どんなに争いがあっても絶対に一緒に音楽をやる、みたいな。

佐々木――よく、だいたい子どもが五歳ぐらいまでに、どれだけ親に愛情を注がれたかというのが大事だって言うじゃないですか。その時にもらった愛情とか感覚が、その後の生きる力になる。そこは、何が正しいかではないんですけど。特に音楽とかってなると、もうまさに人間のそういう部分に働きかけるものかなって思うんです。

近藤――そうですね。いろんな可能性があると思っていて。音楽が結局何なのかって、誰にもわからないんですよね。人間の潜在意識ぐらいのところまでは少なくとも作用しているというのは確かなんだけど。音楽って感性みたいなものを拡げるとか敏感にするために必要かなと。音楽に限らず、アート全体が。

僕ら音楽家としてやれることというのは、芸術とか、例えばヴァイオリンを弾くにしても、受け継いでいかなくちゃいけないものがいっぱいあるんですよね。自分たちが点であって、この点が繋がっていって線になって、この線がある意味文化になる。これを途絶えさせないようにするのがたぶん大事で。繋いでいくというのかな。

佐々木——最初は祈りの音楽から始まって、これまでずっと発展しながら人類が受け継いでいるものですものね。

近藤——そうなんですよね。最初は祈りであり、求愛であり。

ボリビアのね、シリオノ族というのがあって、彼らは個人にテーマ曲があるんです。部族の一人ひとりに。そのテーマ曲が流れると、誰のことを指しているかわかる。そのテーマ曲をわざとゆっくり演奏したり、速く演奏したりとか、そういうことで称《たた》えているのか、貶《おとし》めているのか意味があったりするんですって。彼ら部族にしかわからないんですけど。ある曲が流れると、村中がみんな大笑いして、一人だけ真っ赤になって怒っているとか、そういうことがあったりする。

ほかにも、あるヒエラルキーのある集団があって、統治者がいるんですけど、その統治者層の人たちの悪口を当然言葉にしてはいけないんだけど、音楽にするのはOKという部族もあるみたいです。

佐々木——へーえ、何か不思議な話ですね。つまりコミュニケーションですね。

近藤——そう。言葉にできないことを何か表現したい。自分の精神構造というものを共有したいという時に、たぶん音楽を使ったんでしょうね。

佐々木——いろんなツールでもあると思います。オーケストラを生で聞いた時の、あのコミュニケーションというんですかね、私は音のお風呂に入っているような、気持ちがいい感じがしたんですけど。あれは何だろう。不思議ですね。

近藤──不思議ですよね。「音に浸る」とか、そういう表現をされる方と、あとは、「すっきりした」、頭の中のもやもやみたいなものが、紐が絡まっていたのが解けた、みたいな表現をする方もいます。

佐々木──それは直に、生で接しないとわからないことですよね。

近藤──絵画を観た時って、そうかもな。やたら感性がクリアになっている気がする。曲に対してのアイデアもすごく浮かびます。不思議ですよね、絵を観ていて頭の中が整理されるというのは。全く説明がつかない。

佐々木──そういうのってありますよね。感性のストレッチができるという感覚なのかな。

絵でも音楽でも、それをどう楽しむか。たぶん人それぞれだとは思うんですけど、私は芸術とかによって自分の感受性がクリアになっていく感覚を、たくさんの人に感じてもらいたいなと思って。それでなるべく九響の取材にも行かせてもらったり、仕事でも携わらせてもらっているんですけど。

韓国の領事館でアリランを弾かれた時は、もうまさに文化交流という感じで。音楽によってなせる交流がね。言葉を交わしたわけではないけれど、それこそ、私たちは〝受け止めています〟というような意思表示でもあるじゃないですか、アリランの演奏というのは。それに対して、あちらも感じて、それを受け取って、涙を流されて。そういう輪が広がっていくといいなと思いますね。

近藤──本当にそうですね。今日は懐かしい話もできて楽しかったです。ありがとうございました。

五感に働きかける総合芸術・酒場と音楽

対話者▼川 﨑 堅 城 氏 Kawasaki Kenjo

Bar The TRADマスター

一九七五年生まれ。大学在学中、賄いつきのアルバイトに惹かれ、飲食店で働く。麻雀にはまり、卒業後は飲食業かプロ雀士かで真剣に悩むが、留年して母親に泣かれ、まだ確実なほうのバーテンダーの道を選び横浜へ。本格的に知識と技術と肝臓を鍛え六年間を過ごす。その後、買い集めた四百本の酒とともに実家・埼玉に戻り、半年間酒と読書の日々を過ごす。一念発起し、三年間大型飲食店で店長を務め、経営の勉強と資金を得て、二〇〇八年に独立開業。現在は大宮と湯島の二店舗を経営するが、新店舗の開店を目指し虎視眈々と準備中である。

［対話：2019・8・26　Bar The TRAD］

バーという酒場

近藤――今日は異色の対談で、東京は湯島にあるBar The TRADのマスターの川崎堅城さんとの対談です。どうぞよろしくお願いします。

そもそも私はバーが好きで。特にこういう静かな、ゆっくり飲めるようなところ。そして葉巻なんかがあったらね、一人の時間が何よりありがたい。こちらは理想的です。

川崎――そう言っていただけると。ありがとうございます。

近藤――バーのマスターって不思議な職業だなと思っていました。接客業であり、でも職人的な要素もすごく強いですよね。時にはお客さんのコントロールもされるでしょう。お酒を飲むところなので酔っ払ってしまう人もいっぱいいるでしょうし。そういう人間の心理的なテンションみたいなものを上手に扱う人なんだろうなと思って、カウンターのこっち側から見ています。

川崎――バーの良さは、カウンターを介していろいろなやり取りができることが一番の醍醐味だと思うんです。レストランだとシェフの顔が見えませんし、シェフもお客さんの顔を見られない。何回も細かいやり取りをするということはできませんよね。こういったものがほしい、とか。

バーの場合は、基本的にはメニューを置いていないようなお店は昔から多いですし、お客様とのやり取りの中でいろいろ生み出していく。それがバーとしての一番の面白さであり、醍醐味なのかなと思います。

近藤――コミュニケーションをとりながら、ということですよね。カクテルを作る時は手元が見えるようにしていらっしゃると思うんですけど、そういうのも一環で？

川﨑――そうですね。見せるというのはあります。レストランでもあえてオープンキッチンで見せているのは、そういう演出の一つだったり、おいしそうだなと、先にイメージを作るようなやり方だと思うんですよね。

近藤――うん、「魅せる」ということね。

川﨑――それはもう演出ですよね。料理でいえば、一番最初に視覚じゃないですか。美味しそうだなぁって見せる。その後に香りがあって、そしてようやく口に入れて、味を見るという。たぶん同じ料理でも、ぐちゃぐちゃに崩れたのと綺麗に盛ってあるのとでは違う。最初に「おいしそうだな」から入ると、プラスのイメージで入っていくので、見た目というのはやっぱり大事かなと思います。

近藤――お客さんとコミュニケーションをとっていく中で、提供するお酒の味を変えたりもしますか？

川崎――そうですね、季節とかで少し変えたり。夏場は汗もかいているので、少しお塩を加えちゃったりだとか。そういうミネラルとかを体が欲しているので、もう体が喜ぶんですね、おいしいと感じる。

近藤――なるほど、動物としての欲求にダイレクトに応えていくんだ。

川崎――それと、一軒目のお客様、二軒目のお客様、三軒目のお客様と、同じお客様でも、どう飲んできたかによっても、感覚も違うので。それによっても変える場合もあります。だからこれもバーの良さという、お客様の顔を見ながら調整ができる仕事ならではですよね。だからこそ、面白いのかなって。

近藤――お任せでオーダーした時に、こういうのが飲みたかったんだよねとか、もしくは新しい発見があったりとか。あの瞬間って楽しいんですよね。そういうのって、何か感じてやっていらっしゃる？

川崎――ああ、そこも経験なところもあります。なるべくお客様が求めていらっしゃるものに合うように最善は尽くします。何が正解かというのは、結局結果論でしかないので。外れる場合もありますし。あとはやっぱりお互いの相性みたいなものもあります。

でも逆に、新しいカクテルのオーダーでも、その方にとってベストではなかったとしても、僕は遊びの感覚というのもあったりするので。お客さんのほうも遊びで「こういう感じで」だとか。それに対して、こちらも遊ばせてもらうとか。そこでまた新たな発見があったりして。そういったお互いに大人の遊びのやり取りができるのも、バーの良さかなと思います。それでもし、味がよくなかったとしても、「ああ、こういう感じなのね」と、お互いに遊びを納得した上でのやり取りなので。それも、バーだからできる遊びなのかなと。

近藤――「遊ぶ」というのは面白い表現ですね。日常生活って意外と遊びが少ないですもんね。対面でのやり取りで、時々新しいレシピが生まれるということですが、もう少し拡大して、社会とか世の中の風とか、そういうものにインスピレーションを受けたり感化されて、ご自分のスタンダードな味がちょっとずつ変化しているんじゃないかと感じることってあります？

川﨑――うーん、いろんな時代の流れや流行なんかもありますし。このバーの世界においても、そういったのっていろいろありますので。

ただ、新しいものも勉強にはなりますし、取り入れていくようにはしていますけど。変わらずに普遍的なものっていうのが一番大事かなと思います。古今東西、いいものはいいっていう。そこはブレないようにしたいなというのはありますね。新しいものも取り入れつつ、温故知新で。

近藤――常に、アップグレードしていきつつ、コアな部分は変わらないというね。音楽、特にクラシックにはそういうところが多くあるんですけど。お酒、バーの世界って、例えばどういうのが変わらないんだろう。

川崎――そうですね、トータル的なところはバーとしての良さっていうのが一番大事かなと思っています。お酒にかぎらず、普遍的な昔からあるバーの空間、酒場としての空間の良さ、そういったのはブレないところ。

近藤――いい言葉ですね、「酒場」。ちょっと非日常の空間でもありますよね。その空間をトータルで演出すると。

川崎――そうですね。バーというのは、特にそういう非日常性、仕事や家からリセットするような空間である。そういう非日常性の場でありたいなと。そのための空間の演出ですし、音楽もありますし、お酒もありますしっていう。

そのためには本当に、勉強というのが必要になってくるんですよね。お酒を作るだけというのは、もう自分のエゴでしかないので。音楽なんかもいろいろ聴かなくちゃいけないですし、時事的なことも常に学習しないといけないですし。美術館に行っていいものを観てだとか、目で見て、耳で聞いて、いろんなものを吸収して、そういったものが総合的に反映される。そういうのが大事かなと思います。

近藤——なるほどねえ。無意識の領域に蓄積されたものが、自然に「バー」という一つの空間に昇華されていくのですね。音楽も全く同じです。同じ楽譜で同じ楽器で弾いたとしても、絶対にその演奏者固有の音、音楽になるんです。

バーと音楽

近藤——バーをトータルな場としてプロデュースされているわけですけども、音楽をかけますよね。僕が来る時ってピアソラがかかっている時が多いんですけど、ピアソラがお好き?

川﨑——そうですね。個人的に好きなのでっていうのもありますね。あとはまあ、かける音楽も基本的にはその場にいるお客様によって変えているっていうのはあります。

近藤——やっぱり効果ありますか?

川﨑——ありますね。雰囲気で楽しくなるとか、お酒が進むっていうのはあるので。音楽によってそれがより助長されるというのはあるとは思います。

近藤——なるほど。かけている音楽で、注文されるものが変わったり。

川﨑——たまには、そうですね。うちはジャズが多いですけど、結構いろいろかけます。ロックなんかをかけたりすると、バーボンウイスキーのストレートになったりだとか。

近藤——ああ、そう! 面白いですね。それは意識的に? 無意識で注文するのかな?

川崎――意識的にと無意識にと両方あるようです。なんとなくこっちのほうが飲みたいかなっていう風に変わる場合もあります。もちろん、静かな時に女性を連れているようなお客様が多いような時なんかは、静かな曲をかけて、しっとりと時間を過ごせるように、そういう空間にしたり。音楽の要素は大きいかな、とは思います。研究機関からの報告もありますし。

近藤――それを研究している人がいるんですね。

川崎――はい。お酒が人に与える影響を研究している。僕が見たのは、おおまかなカテゴリーだけですけど。そこで発表されていたのは、ビールとウイスキーとワインだったかな。それぞれ飲むと気分が高揚するのか落ち着くのか、人に与えるいろんな影響をグラフ化していたんです。ウイスキーは嗜好性を高める。飲んでいると、どんどん脳が活性化して冴えてくるという、そういう研究結果になっていたんですね。ワインは何だったかな、女性を口説きたくなるみたいな、そういうあれだったかな(笑)。で、ビールが意外と気分を低迷させるというか、あんまり高揚させない。

近藤――へー!あんなにカンパーイ!ってやるのに、気分が落ちつく飲みものなんだ。

川崎――そういう面白いデータがあったんです。お酒が気分を変えるというのは、たぶん音楽との相性というのに通じてくるのかなと。

近藤――なるほどね。マッチングというか、マリアージュみたいな。面白い話です。それはすごく無意識の領域に働きかけているかもしれない。人間が共通して持っているような感覚みたいなものが味覚にもあるってことですね。音楽にそういう共通した感覚があるというのはね、まあ僕が音楽家だからかもしれないですけど、なんとなくあるんですね、やっぱり。味覚もあるんですね。

川﨑——そうでしょうね。古今東西、普遍的なものは存在するんでしょうね。

近藤——うん。例えば、この店でも時々流れるバッハ。彼がどこまで予測していたかというのは誰もわからないですけど、日本人の僕が三〇〇年以上前につくられたキリスト教の儀式のための曲とかを聞いても、やっぱり感動するわけですよね。そういう時間や空間を超えて共通してもっているものに、個人的にすごい興味があって。お酒もそうですよ、酒場でないにしろ、儀式の時にお酒を飲んだりとか、世界中に酒はある。なんせ神の世界にもあるから。

川﨑——ないとすまないんでしょうね。だから、所かえ、形かえ、でも根本的には同じようなものを、やっぱり人は求め、存在するんでしょうね。

ところで、好きなクラシックの曲は何ですか？

近藤——ああ！ 何だろう……。うーん……。その時演奏する、それを勉強している曲が一番好きかな。思い入れもできちゃうし。だから、決められはしないんですけど、例えば、「無人島にこの一冊」みたいな、もう一生この作曲家の曲しか弾けませんよだったら、それこそもうバッハ。それは絶対。

もう全部、全部がそこにある。深いところまで。

川﨑——もちろん好みもあるんでしょうけれど、だいたいみんな共通して挙げる作曲家とかあるんですか。

近藤——おっしゃる通り、結構分かれます。でも「僕はバッハだ」と言うと、「そりゃそうだ」ってみんな言う。それぐらい特別な作曲家です。だからみんな突き詰めたら、そこに行きついちゃうんじゃないかなあ。うん。まあ「音楽の父」ってよく言ったもんだなと思いますよ。バッハはルター派なんですけど、やはり聖書がとても重要。紙に記されたものですよね。バッハの音楽も紙に記し残すということをかなり意識して作っているふしがあります。あと現代人が耳にする音楽ってほとんど平均律って調律なんですけど、これを音楽にバッチリ当てはめたのもバッハです。

川﨑——うーん、なるほど。音楽を高めていくうえで、その作曲家の人生や歴史、その人なりだとか、その人のいた時代背景だとかを調べていくと、演奏にも反映される?

近藤——されますね。やっぱり知りたくなりますよ。例えば恋人とか、「もっとあなたを知りたいわ」ってなるじゃないですか。そういうのとたぶん似た感覚で、いったいどんな人だったんだろうとかっていうのはあるし、どんな時代に生きていたんだろうというところまでいくと、どうしてこの思考になったのか、そういうところに興味が湧く。

例えば、ベートーヴェンが音楽に革命みたいなものを起こす。哲学みたいなものを入れていくとか。そういう作曲家でさえも、作曲の技法的なベーシックな部分というのは、その前の時代のモーツァルトとかハイドンとか、もっと言うと古代ギリシャ・ローマからも学んでいるんですよね。ベートーヴェンが生きていた時代ってナポレオンがいた革命の時代ですから、変わっていく社会そのものにも影響されたでしょう。たった一人では、絶対に成し得なかったと思うんです。いろんなことが絡んで、全部脈々とつながっていくんです。

クラシックも西洋のことだったのが、一五〇〇年くらい前からだんだん東洋ともつながって。こういう大きな流れみたいなものがどこに向かっているのか、なんて考えると面白い。まさに古今東西ですけど、やっぱり残っている作品とかって、人を幸せにするんですよ。人間をおかしな方向に導くような、作品なり行動というのは、やっぱり淘汰されていくんです。どこかでつまずくんですよ、そういうのって。そういう大きな流れを見ていって、次に人間がどう生きていくべきかとか、どういう社会を生きていくべきかっていう、そういう勉強は尽きないですよね。

まあでも、一回の人生でそういうことを全部網羅するというのは難しいことかもしれないですけど。いろんな人の知恵というのをなるべく吸収して、自分がちょっとでもプラスになれるかな、なんてことは思ったりします。その前にね、自分がまともな人間として一生を送らなくちゃなとは思いますけどね（笑）。

川崎――壮大ですね。でもそういう、歴史と時代の流れと背景があって今に至るというのはありますよね。脈々と、そういうのはつながっている。カクテルの歴史なんて二〇〇年ぐらいですけど、なぜこのカクテルがその当時その場所で生まれ、なぜ二〇〇年経った今も残っているのかっていうのは、そこに何かしらの良さがあるわけで。その背景と理解度を深めることで、その良さをより追求できる、良いものが作れるというのは確かにあります。

ウイスキー一つとっても、この蒸留所の歴史があって、どういう時代を経て今に至るのか、昔の味と今の味も知ることで今のものの理解度がより深まり、より良いものができるというのは確かにあります。

信頼しあうオーケストラ

川崎――オーケストラって、コンサートに向けて練習する時、みんなで毎日一緒に練習するんですか？

近藤――ええっと、オーケストラとかだと、まあ六十人ぐらい、多い時は一〇〇人ぐらいいますけど、必ず全員集まります。初日のリハーサルに集まる前に、それぞれが準備してくるんですよね。楽譜を読んで、弾けるようにしておいて。で、集まって、合奏していく。だから事前に準備は個人的にお家でしっかりしてくる。

川﨑――オケとしての全体の大切さをみんな知っている。これは失礼な質問ですけど。オケでは、みんなほかの音って聞こえているものなんですか？

近藤――弾く位置にもよるんでしょうけどね。コンサートマスターのところはほぼ全部聞こえます。でも人間って認知能力的に三つまでしか聞こえないんですって。聖徳太子が十人同時に聞いたっていわれますけど、あれは高速でチャンネルを切り替えているだけで。

スコアといって全部のパートが書いてある譜面があるんですね。奏者は自分が弾くパートの譜面しかなくて指揮者はスコア。で、スコアを事前に読んでおくわけです。ここで、フルートとチェロが絡みあっているぞ、みたいなのを知っておいて、トータルするとこういうサウンドになるな、というイメージがつくようになるわけです。それで、あとはたぶん高速でチャンネルを切り替えて聴いているんでしょうね。

川﨑――ちょっとでもズレた人がいるとわかります？ 少し遅いとか速いとか。

近藤――うん、そのへんはわかります。単純にリズムが狂っちゃってズレたりするのは、情報としてすぐにわかる。問題は何故ズレるのか。気持ちのテンションが違っていたりするんです。技術的に追いついていないという可能性もありますけど、でもプロなので、それはあんまりないです。気持ちの方向性が違ったりするとダメ。それって音を出す前に実は感じられることなんですよね。ほんの少し前に、あ、ズレるぞって。そういうものの対処はリハーサルの前とかにもします。みんな準備している時にだいたい様子を見ておいて。受信アンテナと送信アンテナが伸びて、何かエネルギーを送る、みたいなことをやって。気を整えていくというか。

川﨑――感覚的な超常的なものがやっぱりあるんですね。メンタルとかそういう部分も。

近藤――うん、絶対にあると思う。もう見えないところの仕事が九割。結局、オーケストラって一人じゃできないことなので。みんなの協力があってです。どうせなら気持ちよく協力してほしいから。

川﨑――じゃあ、お互いの信頼関係と協力関係というか。

近藤――そうです、そうです。信頼関係はとても大事。でもバーの、このカウンターの向こう側で、二人で立ったりすると同じようなことがあるでしょう。今この瞬間あのグラスを取ってほしい、みたいな。

川﨑――ありますね。あうんの呼吸みたいな。忙しい時なんかそこのズレがあるともう。一秒、二秒で崩れてバタバタになるので。連携がないと。気持ち的にもちょっとイライラしてきて(笑)。メンタル的にも実際の対応的にも崩れます。信頼関係はお互いのですよね。コンサートマスターとか指揮者で、我の強い人とか、押しの強さだったりとか、嫌われるようなワンマンなタイプの人もやっぱりいるわけじゃないですか。

近藤――いろんなタイプがいますよ。わざと嫌われる人もいますよ。

川﨑――ああ。わざとオーケストラの人に?

近藤――ええ。シュテファン・ショルテスっていう、もう八十歳ぐらいのおじいちゃん。ウィーンの歌劇場などでオペラを振っている人で。東京フィルには、リヒャルト・シュトラウスの「ばらの騎士」というオペラを振りに来たんですけど。

もうリハーサルの前から怒ってるの。オーケストラの配置が違うって。事前にステージマネージャーという楽器の運搬やリハーサル場の設営を専門にやる人がいるんですけど、ちゃんと指揮者に確認を取って、その通り並べといたにもかかわらず、練習場に来て、「なんでこの並びになっているのだ！」と急に怒り出して。現場は、おお！なんだ？どうした？みたいな。「遅い！なんだその弓順は？」みたいな感じで。みんな、何このジイさんと思って（笑）。その「ばらの騎士」って四時間ぐらいの結構重量級のオペラで、そして難しいんですよ。にもかかわらず、練習日程がすごく少なかったんです。もうこれは不可能というぐらい少なくて、最少限しかなかった。

オペラって、オーケストラだけでやっているわけではなくて、歌手がいて合唱団がいて、演出がいて照明がいてと、いろんなことを全部一緒に回さなくちゃいけないんですけど、各方面がディスカッションできる隙間がほぼなかったんですよ。「みんな、がんばろうぜ」「よし、君こういうところを出したいんだね、わかったよ」みたいな、すりあわせ的なことをやっている時間がなかった。それでも「はい、開演」となったら、演奏会での責任者というのは指揮者しかいないんですよ。彼が全部コントロールしていないと大変なことになっちゃうんですよね。ない時間の中で全てを掌握するために、たぶん、あのおじいさんは自ら憎まれ役をやったような気がするんだよな。

でも、あまりにも高圧的でオケが委縮しちゃうの。おっかなくて音が出せない。だから、コミュニケーションをとりにいこうとしたんです。どうしてあいうことを言うんだって。基本的に指揮者室にずっと閉じこもっていて、たばこ吸いにだけ出てくるんですけど、その時がチャンス。でもなんか、近づいてくるな、みたいなオーラを出しているんです。だめだ、来るな、と。そしてそのまま最後のリハーサルが終わってしまった。

コンサートマスターとして、どうしようと思って。前の晩も眠れなくて、だんだん腹が立ってきちゃって。明日はもう、あのじいさんのあの殺気に対して、同じぐらい強烈に当たっていかないと、もうダメだと思い至りましたよね。本当、刺し違える気でいったんですよ。そしたら、本番めちゃくちゃいい演奏になって。で、終わったら、グッと握手されて、「いい公演だったな」って。うーわ、やられた！と思いました。僕は、まだあそこまでできないけど（笑）。

川﨑――でもそれってイチかバチかじゃないですか。

近藤――この若いコンマスが、どっかで嚙みついてくるだろうと思ってたのかな。結局、手の平で転がされた。結果が全てですからね。まあ、ある意味信頼されてたのかな。

あの後いろんな人が振りに来るけど、なんか全然もの足りない。オケの連中は、もうあの指揮者とは二度とやりたくないと言っているけど、聴いていた人たちはあの初日が最高だったと言う。

川﨑――なんだろう、人って客観的に他人のことを見るのはすごい得意というか、言えるじゃないですか。でも自分を、こういう人間だ、というのは難しい。仕事のできる方、優れている方ほど、自分を知っているというか。自分が人にどう見られているか、自分がどういう人間なのかということをよく知っていると思ったりするんです。

だからその方も、自分を知っていて、相手に対して自分はこう見られている、自分のこのやり方、彼ら全体に対してはこうすればいい、こういう結果が生まれる、というのをわかってて、そういうやり方をしたのかな、できたのかなというところはあるかもしれない。

近藤――それをわかってないと絶対できないですよね。相手がどうしてくるか、自分がどう見られているかというのはね。信頼関係はまず己を知るところから、か。なるほど。

川﨑――自分を知っている人というのは強いですよね。

練習をする

川﨑――自分を知るという意味でも、演奏を録音して聞きなおしたりしますか？

近藤――ああ、録音はね、練習の時にしたりすることもありますけど。まあ、限定的なチェックっていう感じかな。やっぱりマイクで拾えることなんて、ほんとちょっとだけなので。もう音楽的な部分では全く参考にならないですね。

だいたいコンサートホールって広いじゃないですか。空間と時間は同じことなので、もうテンポも変わってくるし。つまり狭い部屋に適したスピードってあるんですね。世の中で売られているCDとかダウンロードするような音楽とかは、基本、部屋で聞く用になっているので、コンサートホールであれをかけると、めちゃくちゃ速すぎるんです。だから、そういうのがわかんなくなっちゃうから、そういう観点で絶対に聞かない。限定的にちょっと音程をチェックしたりとか、そういうのはたまにありますけど。

川﨑――人それぞれでしょうけど、効果的な練習ってあるんですか？

近藤――まあ、人それぞれ。技術的にはある程度クリアしていないとできないですけど。その前に、やっぱり何を表現したいかというのを突き詰めていくのにずっと時間をかけたほうがいいような気がしています。まず何を表現したいかというのが先にあって、それをやってみて、できないことを練習するわけです。

そういうのは楽器を触っていない時の練習というのかな。僕の場合は庭の木に水をやったりとか。テクニック的なことはもう、フィジカルで言ったら、十代のほうがずっと夢がありますよね。肉対的には十八、十九の時がマックスじゃないかな。

川﨑――ひたすら弾いている？

近藤――そうですね。疲れなかったしね。疲れないというか、ケガしない。

川﨑――頭の中で、イメージトレーニングみたいなことは？

近藤――イメトレしますよ。僕の知り合いのチェリストなんかは、個人練習は楽器を触んないんですよ。ずっと譜面を見て、頭の中でどうやら事細かに再生している。そして楽器を持ったらもう弾けているんですよ。そういう人もいる。僕はそれはできないんですけど、便利ですよね。

川﨑――前もおっしゃってましたけど、本番前って食事をとらないんですよね。

近藤――ええっとね、場合によるかな。満腹にはしない。やっぱり満足感が出てきちゃうので。ストイックさって、ちょっといるんですよね。そういうのが削がれちゃうんで。満腹にならない程度にカロリー摂取。あと、血糖値がコントロールできないと、集中力が低下しちゃうんで。うまいこと、一時間ぐらい前におにぎり何個とか、そういうのはなんとなくわかっているし。その時の自分の体調でたくさん食べないともたない時とかは食べたりもするし。たぶん完全に空腹のほうが集中力ってあるんでしょうけど、でもそれだとやっぱりもたない。

川崎――なるほど、集中力がいりますものね。

オフの日とかは、どうされているんですか？　気分転換したり？

近藤――あ、オフの日というのはね、あんまりない。まあ、フィジカル的に休まなくちゃというのはやっぱあるんですよ。腕や指が動かなくなっちゃったりして。わりと意識的に休むようにしていますね。あんまり詰めすぎちゃうと、ちょっと神経系にいっちゃうと怖いし。それはね、もう無理やり一週間とか休むんです。

楽器って、もう毎日触っていないとダメなんですよね。感覚がわかんなくなっちゃうので。一日触らないと他人の手みたいになっちゃって、一週間経つともうふにゃふにゃ。脳みそが感覚を忘れて、一からやり直しみたいな感じになるんです。でもどうやったら戻せるかってノウハウはあるんですよ。一からやり直すと、わりとリセットされて、どこかこんがらがりそうな回路が一回解放されるんです。

川崎――一日にどれくらいの時間音楽に触れているんですか？　まちまちでしょうけど。

近藤――うーん、僕は基本的に二十四時間営業という感じ。いつもそれに対して行動している。

庭木に水をやるのも音楽に関係することだし、酒を飲むのも、まあ半分はそうだし（笑）。

川崎――ああ、全ては音楽につながっている。

近藤――そうですね。だって一週間休むのだって、そのためですもん。

川﨑――うん、そうですよね。そこにつながりますよね。音楽家の皆さんが毎日楽器に触っていないと、というのは、アスリートに近いですね。

近藤――それはもうすごい似ています。準備運動みたいなこともあって。それは体の準備運動はもちろんあるんですけど、心の準備運動みたいな。

練習に入る前にある程度集中するほうに入っていないとあんまり意味がないんで、そういう時間をつくったりとか。あとは東京とか大都会にいると、なんだろう、感覚が灰色になっちゃうというか、色づいてない状態に陥りがちなので、そういう時って、あんまりいいテンションで弾けない。だからさっき言ったような、庭の木に水をやったりとか、草むしりしたりとか、みたいなことをやって、整えたりする時間をとったりとか。

川﨑――そこらへんの、自分で感覚的にメンタルコントロールできないと心を崩すんですかね。できない人はやっていくのが厳しいのかな。

モチベーションを保つ

川﨑――自分なんか偉そうにいえる立場じゃないですけど、人間ってねえ、甘えてしまうような弱い生き物でもあったりするので。

近藤――まあ、知らないうちにそうなっちゃう、みたいなね。

川﨑――僕なんかも一時そういう時がありましたけど。商売もうまくいって店も増えて、下の子たちも育って。もう任せちゃって店に出ない時があったんですよ。本当に月二、三回カウンターに立つぐらいで。そういう時期が一年あったんです。

最初の店を出した時は、本当に八席だけの店で。じいさんになって死ぬまで一生やっていこうって、一人で。で、出したのに、商売する人も育って、店に行かなくても経営が成り立つようになってしまって。それで甘えて、なまけていった。

それも一年経つとその生活にも飽きてくるんですよね。飽きてきて、自分が腐ってしまうなと思って。またカウンターに立ちたくなって。まだ三十代で若かったからよかったんですけど。誰も知らない土地で、一から初心に帰ってやろうと決めて。いろんな場所を探して決めたのがここだったんです。

それまでは、もう本当にね、トイレ掃除も氷割りも仕込みも何もせず、営業はもう従業員責任みたいなね。六時からオープンなのに、八時九時ぐらいに行って、なんかちゃちゃっと、常連さんたちにご挨拶して、みたいな。もう、本当にろくでもない。

近藤――わははは。

川﨑――僕がその店を出すために十年修業した。そして、それが一番最初にやりたかったこと。そこにまた帰ろうと。今なら、帰れる。これからの四十代、五十代、六十代、ずっと長い人生を考えた時に、今原点に帰らないとダメだな、原点に帰りたいなと思ったのがあったんです。

近藤――でもおかげでこんな素敵なお店が。人間、一回飲んだくれないとだめですね（笑）。

川﨑――自分の場合は、そういう時代があったので、今を取り戻せてよかったなと。でも、これが本当に、自分がずーっとやりたかったことなので、それはやっぱりやり続けたいなと。そのモチベーションは、ずっと保ち続けなくちゃいけない。

近藤――モチベーションを保つ秘密って自分の中で何かあります？

川﨑――うーん、自分の場合なんかは、何か外からの刺激がないとダメかなと思います。基本的に飽きっぽい性格なんで、新しい刺激がないとダメ。年一回はその時興味のあるものを見に行くって決めてます。去年なんかは、お酒とお酒の町の文化を感じに、チェコとかハンガリーとかを回ったんです。そこでミュシャを観たりだとか。あとは薬草酒のアブサンとか、そういうのをいろいろ見たかったので。

ある年はキューバに行って葉巻とラム酒。ある時はスコットランド。それが刺激になりますね。あとは普段の生活でも美術館に行ったりとか。音楽を聴きに行ったりとか。そういったことは常に意識しています。まあ、しなくちゃけないというよりは、自然と好きで行っているのかな。近藤さんの場合は？

近藤――いろんな演奏家から刺激を受けることもあります。そう……、ちょっと長い話になっちゃいますけど、僕もね、全然弾けなくなった時期があって。まあ、マスターと同じような感じなのかな。僕はやっていたつもりなんですけど、本質的に全然やっていない。本番弾けないわけですよ。やってないから。二年ぐらいそういうダメな時期があって。

その時に、小澤征爾さんと、ロストロポーヴィチさんという小澤さんの兄貴分みたいなロシアのチェリストに出会ったんです。ロストロポーヴィチは当時七十二歳くらいだったかな。彼に連れられて、岩手の山奥を回ったんですよね。コンサートといっても、廃校になった小学校とかお寺とか、養護学校の体育館とか、そういうところで。初めてヴァイオリンを見ましたみたいな、お客さん口コミで十人ぐらいしか来ないようなところを二週間ぐらい回って。真夏の暑い日に一日三回本番とかして。極限状態でした。そしたらね、数日すると、奇跡みたいなことが沢山起こりだしたんですよ。セミがミンミンうるさいお寺だったんですけど、演奏していた曲に祈るようなとても静かな場面があって、そこでセミが全部泣きやんだり。暗いシーンから明るいシーンに移行する時にパッと雲が晴れて日が差したり。それが一回や二回じゃなくて、何度も。結局最終的に気づかされたのが、自分は自然、世界とつながっているんだということなんだけど。

音楽というのは、そういう人と人とか、人と自然とか、そういうものを結びつける力がある。それはすごく奇跡的な体験なんですよね。でもそういう音楽をやるためには本当に一生懸命生きなくてはならない。ロストロポーヴィチは「私はもう死ぬのは怖くない」って言っていたけど。そういう大切なことを教えてもらいました。これを忘れないようにしなくちゃいけないっていうので、今は病院とか、重症心身障碍児病棟というんですか、生まれてからずっと、ベッドの上でしか生きられない、平均寿命はどれくらいかな……、十歳ぐらいかな。そういう友達のところに行って演奏するっていうのをやっています。それをやっている限りはモチベーションは失わないだろうなというのはあります。

川﨑――そうですか。絶対的なその真実の気持ちがあるわけですね。それが大きい。初心を忘るるべからずじゃないですけど。

何か飲まれます？

近藤――いいね。じゃあスコッチをください。

ウイスキーの味

近藤――うまいね。オーバン。いつ飲んでもうまい。ウイスキーは同じやつでも作られた年代で味が違いますよね。なんで変えるんですかね。流行みたいなことでしょうか？

川﨑――一つは原料。三十年前のウイスキーでも、もう今は残っていない麦芽の品種があったりするんです。

近藤――ああ！そうですか！　気候の問題とか環境問題とか。たった三十年で。

川崎――はい。だから三十年前の味を再現しようとしても、もう不可能になってしまっているんです。素材自体が絶滅して存在していないんです。そういった理由があります。だから味が違う。あとはウイスキーは熟成するのに十年、二十年の世界なので、三十年も経てば作り手が変わってしまっている。その当時作った作り手と今の作り手が違う。

近藤――同じように作ったとしても、そりゃあ作り手の個性というのが出てきちゃうもんですよね。

川崎――はい、いまだ感覚的な世界なので。そこで変わってしまうというのもあります。

あとは、技術的な変化っていうのもあります。手作業で非効率的な作り方をしていたものが、今はコンピューターを導入して、よりマシーンに頼るようになって、そして大量生産になった。効率を優先した。だからコストを抑えられて安くはなるし、生産性は高まるんだけど、やっぱり人の手で、職人が手をかけて作るのがいいでしょうね。

近藤――なんとなくね、飲んでいてわかりますよ、それ。味が散漫というか。

ウイスキーの発祥のことをちょっとうかがいたいのですけど。ウイスキーっていうものが完成される前に、スコットランドで飲まれていた？

川崎――先に遡るのはいろいろあると思うんですけど。もともと錬金術の時代に始まり、錬金術の副産物として、蒸留技術が生まれた。例えば、ワインなんかも紀元前からありますけど、そういった醸造されたお酒を蒸留してみたら強い酒が出来た。穀物を発酵した醸造酒を蒸留

したらお酒になる。それが、バイキングによってでしょうけど、方々に渡って。一つはアイルランド、ケルトの民族ですよね、アイルランドで「ウスケボー（Usquebaugh）」のアクアビット、直訳すると「生命の水」みたいなものが生まれたと言われているんです。そのアイルランドからのケルトの民族がスコットランドに。度数も七十度もあるような透明な蒸留酒をスコットランドの人たちは飲んでいた。

十八世紀に入ってから、当時ブリテンを支配していたイングランドが、その蒸留酒に税金をかけたんです。もともと仲が悪かったので、ちょっといじめてやろうと。それで税金から逃れるために、イングランドの人たちが当時よく飲んでいたシェリー酒の樽がごみのように捨てられていたので、その中に隠してしまっておいたんです。それをある日ふたを開けて飲んでみたら、琥珀《こはく》色の柔らかいまろやかな芳醇《ほうじゅん》な香りのついた、とても美味しいものになっていた。これがスコットランドのウイスキーの樽熟成の始まりと言われています。それが一七〇〇年代。その後に、一八〇〇年代に入ってから公式な公認の蒸留酒所がザ・グレンリベットに始まり、いくつもちゃんとビジネスとして成長した。

近藤――じゃあ、本当に錬金術になったんだ！というか脱税！　面白いですね。生き残り策というか、そのままだと迫害されてしまうところから逃げる。淘汰されてしまう中を生きようとする力というかな、そういうのが偶然の産物を生んだんだな。
今ＡＩで日本酒とか醸造酒の管理をしたりしますけど、蒸留酒のウイスキーはどの程度機械がやっているんだろう？

川﨑――ウイスキーの世界で言えば、樽がなせる、熟成のなせる技、そういったことはまだほとんど解明されていない。香りの世界、香水とか、そっちの分野からのアプローチでも、実は今の科学からしても二割、三割ぐらいしか成分を解明できていない。あとの七割の成分がなぜこれがこうなるのかっていうのは、本当にいまだに職人の感覚と技でしかない、というのはありますね。

近藤――なるほど。思ったより全然解っていないんですね。

川﨑――ただまあ、今日見たニュースでは、人口舌というのが発明されたと。それは、ウイスキーの九九％は判明できるし、マッカランだとかラフロイグだとかは、もう全然見分けられるし、マッカランのラインナップ十二年とか十八年とか二十年も、ちゃんと見分けるセンサーがついている。薄いチップみたいなもので、一滴垂らすと判別する。もちろんそれは、飲み物、食べ物にも応用できる。九九％の違いを判別することができるというのをやっていましたけど。ただ、生み出すほうはまだできていないのかなと。

近藤――そもそもね、経年変化というのはあるわけですものね。ストラディバリウスみたいな。ウイスキーを作ったからって、それを飲めるようになるのは、最低でも十年。

川﨑――何年か前に話題になった絵画の話もありますよね。ルーベンスの絵画を学習させせてそれっぽい新作の絵を描かせる。でね、絵を描く人たちからすると、そこはもう、入ってはいけない領域というか。そういう反対の意見もあれば、新しいものを生み出せるのであれば、それはいいいじゃないかという肯定的な意見もある。倫理的な部分も含めて、話題になりましたよね。

近藤――あの、モーツァルトの「レクイエム」って曲、モーツァルトの最後の作品なんだけど。途中で絶筆しているので、その後は弟子とかが補筆したりとか、後世、いろんな人がなんとか版みたいなのを書いたりして、今では一番弟子が補筆したやつがよく演奏されるんですけど、やっぱり、ここで絶筆しました、後のところはほぼ未完です、みたいなところから先というのは、ちょっとなんか不思議な感じなんです。何かがちょっと違う。具体的に何が違うのかと聞かれると困るけど。

意外とあの時代は途中でほっぽり出された作品って多くて、後は弟子が書きました、みたいな曲は結構あるんですけど。やっぱりなんか変だと感じるところがある。これを感じなくなっちゃったら怖いですよね、人間がそういう感じる能力を失ってしまった時というのは。

川﨑――たぶん、ＡＩの作品にしても違和感というのは確かにあるんですよね。
なんか怖い方向性には進んでいますよね。いろんな意味で。その人間の感覚自体も、どうしてもこれだけネットの情報下で、というのは依存性が高い、全部受け身になって思考しなくなってきている。脳の退化というのもあると思うんですよね。そういうＡＩの、人工的なものを、人工的だと感じられなくなるという怖さ。

近藤――なんかね、感性が閉じていっちゃうんですよね。

ＩＴとか、ロケーションが無くなってきているじゃないですか。要するに、土とか、環境に根差さなくなっていくような方向になると、五感自体がもう全部退化していっちゃう可能性があります。それはすごく怖いなと思うんです。そういう風にならないために、たぶん、こういうバーみたいなのは絶対に必要なんですよね。

川﨑――そうありたいですよね。そういうものを大事にしたいな。僕も感覚的なものを大事にしてもらいたいなと思います。

近藤――最後は、酒場が人類を救うかもしれないよね。

［写真：吉原清香］

テクノロジーの未来、問題を見つけるために芸術がある

対話者▼古橋洋人氏 Furuhasi Hiroto
楽天グループ株式会社　常務執行役員

一九七七年生まれ。東京大学法学部卒業。二〇〇〇年、日本銀行に入行。二〇〇五年、ペンシルバニア州立大学経済学修士号取得。二〇〇七年、日本銀行を退行し、マッキンゼー・アンド・カンパニーに入社。パートナーとして、ヘルスケア・消費財企業・金融機関を中心に全社戦略、マーケティング・セールス戦略などをグローバルに支援。二〇一七年、株式会社FOLIO取締役、チーフビジネスオフィサーとしてビジネスを統括。二〇一八年、楽天株式会社執行役員、CEO戦略・イノベーション室室長に就任。楽天モバイル株式会社経営企画室統括本部長、5Gビジネス本部本部長を兼務。二〇二〇年、楽天グループ株式会社常務執行役員に就任。

［対話：2019・12・18　都内某所］

イノベーションとは

近藤——本日はテクノロジーの世界のど真ん中で活躍中の、実は私の中学・高校のオーケストラ部の先輩である古橋さんに来ていただいております。一見、相容れない価値観同士の対話になるわけですけれど、そこに共通点があるのか、はたまたそういうビジョンが全く見いだせないのか、楽しみにして来ました。よろしくお願いします。

古橋——よろしくお願いします。

近藤——まずお聞きしたいのは、古橋さんはテクノロジーで世の中をイノベーションしていく仕事をしていらっしゃる。僕ら音楽家からすると、例えば楽譜をiPadで見たり、そういうテクノロジーがどんどん発展しているわけです。今日は個人的にずっと興味があった、IT（Information Technology：情報技術）の話をうかがいたいと思っています。すごく初心的な質問ですが、インターネットはいつ頃からあるんですか？

古橋——今日のいわゆるインターネット自体は、一九八〇年代に広まりだしました。よくいわれる話なので今さらだけど、最初は主に政府や軍事用で発展してきた。要は軍・政府の機密とかを交信する手段として、インターネットというデータ通信手段が使われてきた。

人々が使うようになったタイミングはいつかというと、それが一九八〇年代の後半以降に広がった。もともとは多くの識者が、これは一般的な民間あるいは個人の利用には至らないだろうと思っていたわけです。もしかしたら、企業レベルで通信手段として使われるかもしれない。インフラにお金がかかる話なので。そう言われていたんだけど、今やなくてはならないものになっている。全てがそこに帰結しているかのようになっていて。

それがイノベーションというものの特徴かなと思っていて。技術が生まれる瞬間、つまりサイエンスとかテクノロジーで技術のイノベーションというものが生まれた時と、人がイノベーションだと感じる時はちょっとずれている。社会にイノベーションというものが起きるタイミングというのは、技術としてはちょっと枯れているんです。

近藤――ああ、もう過去のもの？

古橋――そう。「今、世界の最先端の技術」と言われているものは、基本、生活にはあまり関係がないんだよね、その瞬間は。例えば、山中伸弥先生のｉＰＳ細胞も同じで、サイエンスとしてイノベーションが起きた。間違いなく素晴らしい革新的な技術なんだけど、なかなか医療の実践にもっていくのは難しくて、日々それに先生も取り組んでいらっしゃる。今、自分の体の何かが悪くなったから、ｉＰＳ細胞を培養して臓器が交換できますかと言うと、たぶんできない。それができた時に、人々は初めてイノベーションだと思う。だから、イノベーションを社会化するのはすごく難しいんです。

でもまあ最初の質問に戻って言えば、インターネットというものが世の中を変えた部分がすごく大きくて、それはここ三十年ぐらいかな。さらに、そこからスマホが大きく変えている。で、これも一つのポイントで、技術そのものとか、インターネットというのがすごいのか、それってわからないことだと思うんです。いわゆる「ユースケース」とビジネスで言われるような、それが何かに使われて初めて人々の実感をもった「すごい」になる。

近藤――なるほど、技術的なイノベーションと、社会的に認知されるイノベーションは違うモノなんですね。

古橋――僕が好きなアナロジーがあるんだけど、人類の歴史の中で「言葉」が生まれるじゃないですか。最初は言葉が生まれて、でもそれを記録する手段がなくて、それがパピルスで記録できるようになった。記録できるようになると、言語というものの記録が初めてそこで始まって。

で、それを千年単位とか五百年単位で見ていくと、記録・文字数が世界規模で上がるんです。最初は紙ができて、それがエジプト・メソポタミアあたりで起きて、それが東へ西へ動いて世界中に増えていく。次にすごく大きいのは、グーテンベルクの活版印刷技術。あれが生まれたことで、それまで手でやっていたことをガンガン機械で大量生産できるようになっ

た。それでぐおーっと伸びている。むちゃくちゃこれで世界が変わったわけじゃないですか。イノベーションで。

それをずーっと並べていくと、ざっくり五百年ごとに何か大きなイベントが起きてすごい伸びていくんだけど、この三十年、インターネットというものが出てきて世の中に記録された文字数というのは、それまでのものを全部フラットにした。いきなりぽーんと山が上がったぐらい違うんだよね。「記録されている文字数＝情報量」というものが、圧倒的に今までと違う次元になって世の中を変えちゃってるということ。言葉の情報、記録される情報量が圧倒的に多い。

近藤――面白いですね。なんか速かったんですよね。今おっしゃったような爆発的で人類史上類を見ない。

古橋――本当にそうです。データでわかるから、見たいなら見られると思うけど、全然違うんです。天文学的に、もう垂直に上がっている。人類の歴史の、これだけの文字が記録されている。

近藤――だから強力に世界を変えられたということなんでしょうね。最初はダイヤル回線でしたよね。それがＡＤＳＬとか光になって。もっと速いのがあるのかな。

古橋――そうだね。今だと何十何百メガバイトレベルのデータがスマホや家庭内回線ですぐにダウンロードできる環境。それが5G、Wi-Fi6になれば、ギガバイトという単位になる。

近藤――そうすると、もっとそういう情報が増える？

古橋――増える。やり取りできる情報が増えるんだけど、一番大きな変化は何か、これも難しくて。結局、5GとかWi-Fi6といわれる大容量・高速・超低遅延の回線ができてやり取りができたら、何が新しく社会を変えるのか明確にはわからない。実験的にはいろんなことをやっているんですけど、それがさっき言ったように実験だから、生活に根付く形で何が起きるかというのはわからない。さっきの文字数の記録だって、みんながブログ書いたりやっているけど、それって予想していたわけじゃないじゃない。

なので、入ってみないとどう変わるかが見えないというのが正直あるけれど、確実に言えることは、動画とか音声といったデータ容量のもっと大きなサービスがより使われやすくなる。すでにTikTokとか、YouTubeとかで発信できているけど、もっと自由にできるようになっていく。これは必ず起きると言われています。

近藤――昔は手紙が来るのに何カ月もかかったような時代もあって。例えば恋人からの手紙を三カ月待てたわけですよ。その時間が楽しかったりもしたわけでしょう。それが「既読にならない」とか、そういう風に人間自身も変わった。やっぱりそれは世知辛いと思いますけどね。

古橋——すごく面白いところなんだけど、社会のイノベーションなり変節って、経験しているタイミングと時間の長さによって意味合いが違ってきちゃうんだよね。僕らは、待ち合わせにケータイがなかった時代があった。あのハラハラドキドキする側面は、ある種のエンターテインメントじゃない。なんだけど、もはやそれはないじゃない。

近藤——もう起こり得ないですよね。駅にあった伝言板みたいなね。

古橋——起こり得ない。通信障害が起きると、みんな恐れみたいな感じになってね。それは、一世代下の人たちは理解できないわけでしょう。もうノスタルジーでしかない。そういう「思い描いていた未来」と、実際に来るもののギャップというか。自分がこういうことになるとか、待ち合せがなくなるっていうこととか。想像していなかったでしょう？

すごくどうでもいい話だけど、面白かったのは、ガンダムって宇宙を飛んでいるじゃない。なのに、スペースコロニーで新聞紙読んでいるのね（笑）。もはや紙の新聞を読んでいる人はいなくなってきているよ。でも描いちゃうんだよね。人は自分が想像する、そういう生活をしているだろうと思うことを描くから。だから、僕らが想像できる百年後の世界と、今僕らより若い人が想像する世界は、やっぱり少し違ってくるよね。

近藤——やっぱり想像つかないよね。古橋さんはテクノロジーのど真ん中にいるわけで、どんな未来を描こうかと思うことありますか？

古橋——思うことはあるよ。誰かが切り拓いていかないと、次に誰もできないから。例えば今だったら5Gとか Wi-Fi6 の新時代をとにかく切り拓いて、それがビジネスとして成り立つことを世に証明し続けることで、その次の人たちが新しいことができる。

インターネットというものが世にとって必要なビジネスとして成り立たせて切り拓いてくれた先人たちの上に多くのIT企業が成り立っている。あるいはプラットフォームとしてのマイクロソフトとか、ああいう人たちがいて。でもそれによってお金を儲けすぎるという側面を社会が簡単に受け入れないことがあったりもして、その作用・反作用によって世の中はどんどん動いていくから。その意味では、次の世界の礎になるようなことをするのが、一番の意義と思ってやってる。

一方で、こういう世の中になってほしいなという思いもあるよ。あるんだけど、僕の場合は特にそれを決め打ちとして、そうじゃなきゃいや、というタイプではない。そういうアントレプレナー（起業家）の人もいます。マーク・ザッカーバークとかね。本当にそう思っているかは別として「全ての人がつながるように世の中はすべきである」みたいなことから入って。

でも、リアルには、目の前にあるところから何歩先に進めるかということが多い。一万歩先のところに道標を立てて、それをビジネスにつなぐのはなかなか難しい。

近藤——それは難しいことでしょうね。じゃあ、インターネットもそうだけど、テクノロジーが先にあって、その後に、自然発生的にイノベーションが起こる？

古橋――そう。社会を変えるイノベーションは自然発生のニーズに応える部分と、誰かがビジョンを持って頑固にやりぬくことで実現することがあって。自分の今いる会社の話を例に言えば、Eコマース（オンライン・ショッピング）も、わざわざEコマースと言わないくらい当たり前にみんな買い物をするじゃない。アマゾンとか。これって、二十三年前に楽天という会社ができた時は、だいたいの事業者がオンライン・ショッピングモールを作ってみて失敗しているから、世の中はEコマースにはならないと言われていた。いろいろ試した人がいたんだけどうまくいかなかった。その当時の客はみんなオフラインというかお店で買っていて、その状況下で生半可な気持ちでやったって集客しない。それを徹底してやりまくったのが楽天。アメリカではアマゾンがやっていた。とにかく、どっちも最初は儲からないわけ。アマゾンも全く儲からなくて、それで赤字、赤字だったけど、今や世界のアマゾン。自分の思いを信じてやりぬく人がいないと、考えついても、実現はしないということかと思う。

近藤――それはデータとしてあったんですか？　その頃ユーザーがどれくらいいるかとか。

古橋――いや、そういうことではいかないんですよ。社会を変える時って、いわゆるデータとかからくるのはインサイト（潜在的なニーズ）で、顧客がどういうニーズかとか、一応アンメットニーズというもの、まだ応えられていないお客様の要求に応えるものを出したらウケる、という発想なんです。それが、コンシャスなものとアンコンシャスなものがあるわけですよ。意識的に「それがあったら便利だな」と思うようなサービスであり商品、だけどできない。

でももう、これは世の中では当たり前だと思っちゃっていると、本当は潜在的なニーズがあるのに、これを買いたいと言う。例えば、これをEコマースで言うと、毎日お買い物のためにいろんな場所に出かけて行くのではなくて、パソコンを開いて、ここであるものを買えばいいし。定期的に買うものは定期購買すればいいじゃんと、今思えば当たり前。だけど、当時は誰もやらなかった。そういう潜在的なニーズを掘り起こすことは、インサイトではなくてフォーサイトの世界。先見性とかさっき言っていた、こういう風に世の中があってほしい、あるべきということを思い込んで、世に出してビジネスで儲けるようにするという。

近藤――それを、両立させたというのはすごいですね。

古橋――そういう人たちのおかげでいろんなことが動いている。途中で失敗して終わる人もいるんです。その人たちが何かのところで挫折して会社やサービスもその時に途絶えて。で、その次に新しいサービスが生まれていく。

近藤――なるほどね。やり続けた者たちがイノベーションを起こしていく。

古橋――そう。Winner Takes Allですよ。「勝者は一人」ってよく言われるでしょう。

近藤――なるほど、実際のビジネスとして、世の中に入り込んできて三十年か。すごいスピードですよね。

古橋――サービスの広がりからいったら三十年経っていないかも。二十何年とか。

芸術家は変わったか？

古橋――音楽家、芸術家としては、この三十年何か変わった？

近藤――楽譜をオンラインで見るということはあるけれども……。「音楽」って何だろうということを考えるきっかけにはなっているかもしれないですね。目に見えないし、数値化もできないけれどいったい何なんだ、と。

特に僕らがやっているクラシックなんて、全部生音で電気を使わないから。ほかのジャンルはもしかしたらもう少しインターネットと親和性があるかもしれないですよね。僕らのは、データ量が上がればもうちょっと臨場感が出るかもしれないですけど、生とは根本的に違う。ブラームスなんて、当時録音技術が発明されたんだけど、マイクを前に弾けなかったっていいます。少し哲学的な意味合いもあるけれど、音楽を記録するということの意味が解らなかったって。

それは置いとくとして、生音に近づけようとする研究をしている人たちもいるんですよ。コンサートホールで音のサンプリングをちゃんと取って、人間の耳にはこういう風に反射したものが届く、みたいなことを研究している人もいるけれども。でも、そういう研究をしている一方、演奏家たちは、やはり自分たちがコンサートホールで生で演奏することの意味と

►楽天モバイルが提供する5Gを活用したスポーツ観戦の実証実験。ARを使ってサッカー観戦をしながら，選手情報や試合の状況の確認，参加型のゲームができる（ノエビアスタジアム神戸，2020年11月）

いうのを真剣に考えるようになっていますよね。

古橋——そうなのかどうなのかわからないで聞くんだけれど、いわゆる今言っていたように、データの容量がものすごくなりました、キャプチャーできるものが、演奏家の表情も含めて、画像も音も、音質もものすごく広く深く取れるようになりましたと。取る方だけじゃなくて、VRとかARで、遠隔の場所で同じ臨場体験をさせる。そんなことをやろうとしている人はいっぱいいるわけです。スポーツとかでも、選手の頭部に何かつけてね。カメラがついていて、選手が今どうなっているのかみたいな視点で試合を観戦できる。そういうのを考えたりするんだけどさ。クラシックのコンサートよりも情報量はもちろん少ないと思うんだけれど。でも究極いくところまでいけば、演奏家の目線で、演奏家が今弾いている音を、自分があたかも手で弾いているかのようにすることもできるんじゃないの、とか思ってしまうわけですよ。芸術をまだ芸術として捉えきれていなくて、データとして捉える話ね。できない？

近藤——いやぁ、どうなんだろうなぁ。一つのエンターテインメントとしては成立するんでしょうね。面白そうだし。だけど、なんていうのかな……。感覚的にやっぱり何かが違う。

古橋——もう一つ違う例を今思いついたんだけど、指揮者が練習するのに、毎回譜面とリアルオケではなくて、バーチャルオーケストラがいて、何かやると、ちゃんと反応する演奏者をつくって……。

近藤——うん、それは明確に違うかな。まず、オーケストラと指揮者ってのは、呼吸を合わせたりしないとならない。あと、気が合うとか合わないとか言うでしょう？　そういう気の部分が必須なんです。

ほかにも例えば、明日のコンサートでベートーヴェンの「第九」をやるんですが、人類の宝みたいな曲なんです。我々がすごく尊敬する、いわゆる気を許した仲のマエストロと一緒に。マエストロが言うには、第一楽章というのは、混沌とした世界を表現している。で、楽譜というのはデータじゃないですか。記号が並んでいる。けど、ベートーヴェンが求めた混沌というのは、記号では書ききれないことだったと。データにしきれない。

でも、自分の頭の中にあるカオスというものを、限られたツール、フォーマットの中で書こうとするので、書ききれないっていうのが、今回のマエストロの考えなんです。だから演奏をする時に「正しく演奏するな」と言ったのね。そういうところからくると、演奏はデータにならない部分というのは絶対に出てきてしまうんじゃないかな。それをお客さんが聞いた時に、「なんだ、このもやもやする感じは」というのがあるんです。だってズレているんだもの。でも、そのズレというのは、書ききれなかった、でももがいた。そのメッセージを受け取りつつ、ギリギリのところをいくんですけどね。もしバーチャルオーケストラに、正しく演奏するなって言ったら、おそらく崩壊しますよね。

テクノロジーが目指すところ

古橋――なるほどね。テクノロジーが目指しているところというのは、実はそっちで。

近藤――え？ そうなんですか。

古橋――わかる世界の計算でやる領域の限界にもうぶつかっているというか。それはそれで、スーパーコンピューターも量子コンピューティング、いわゆる「量子」の世界、Quantumと言われる世界の中でどうするか、みたいなことはあるけど、ＡＩとかそういう機械学習、ディープラーニングみたいなものに猫の画像を見せて、なぜこれが猫であると想定できるかというのが、実はわからないんだよね。その計算というか、学習させ続けた結果として正しいことをやっているんだけど、どうやって組んだら最初からそのアルゴリズム（計算方法）を組めるかわからない。学習させ続けていく中で、どんどん正答率が上がっていくってなってるのね。

この話というのは、どちらかというと、より人間性を出していくことで、設計ではない。いろんなデータを食わせて、食わせて、それでこうなっていくと。音楽に言い換えると、最初に五線で書かれているこのデータを渡すとこういう演奏が出ます、ということをしようとしているのではなくて、こんな演奏がほしいんだという情報とか、このマエストロはこのような演奏でした、このマエストロはこんな演奏をしたと、いろいろやって「この中で一番いい感じのにして」みたいなことをある種求めているような、自分たちでも説明できない過程を経てどんなものが出てくるか。

近藤——なるほど。データを食わせるか。まあでも、どこまでやるかだよね。それこそ、ベートーヴェンの「第九」一つとっても、シラーの詩を使ったりとか、そもそも当時のフランス革命があって、それ以前にカントとかそういう哲学の世界と音楽が結びついたり。当時の社会情勢があって、もしかしたらベートーヴェンの家の隣にその活動家がいたとかね。そういう文化のこととか、その時の気候のこととか。それとあと演奏史。どういう演奏がされてきたのか。フルトベングラーが「第九」を振ったとかね。そういう歴史があったりとか。ナチスドイツが、とか。そういう歴史を人類は知っているわけですね。なぜヒトラーは生まれたかということも知っている人は知っているし。そしてその延長線上に現在の我々がいて、リアルタイムに更新しているわけです。人類の経験として。

結局、生、ライブというのは、生きた者同士のやり取りというのがたぶんあるのかなと思うんです。例えば、生き物に対するリスペクトというのがあるじゃないですか。こうやって古橋さんと話をしている時に、相手に対してリスペクトがあるのもそうだし。命に対する尊厳とか。そういうコミュニケーションをとる前に始まっている交流みたいなものが、たぶんあると思うんです。

古橋――この手の議論になってくると思うんだけど、一個人のレベルでどうなるのか。0か1かではなくて、受け入れる度合いの話じゃない。これで、人類全体というものを一人格、ペルソナととらえると、どれくらいこれを受け入れるのか、「度合い」でしかならない。最終的には。そういうもんだと思っていて。

要は、例えばＡＩに生前のデータをたくさん渡しておいて、亡くなった後もその人の生の声で、その時々に自分の言った言葉への反応がほしい人は、僕はいると思うんです。死んだ後も、自分の家族や大切な人と話したいとか。そういうことは必ず出てくると思っていて。それを価値があるものとして、大事なものとして扱う人もいる。そこには、今の話のように命はないし、そのコンテクストはもう抜けているんだと、割り切って生きられない人もいると思うんです。自分の周りの人だったらいやだけど、関係ない人だったら別に会話してみてもいいと思うということもあり得るだろうし。結構度合いの話というか。その度合いが、ある変節点を超えると社会に一般化するという話なんです。社会で受け入れられて。まあ、それを芸術の世界で受け入れるのは相当難しいだろうなと思いつつも。

近藤――そうですね。僕らも模索中です。そういう風になってきた歴史は、人類にはないんじゃないかなと思うんですね。僕は、芸術って人が人たる所以《ゆえん》だと思っているんですね。でも、いろんな価値観が生まれてくるのは間違いなさそうですね。

古橋――そういう中でクラシックの音楽家――クラシックというくくりがよくわからないけれど、音楽家としての近藤さんはどうするんですか。社会にそういう価値観が生まれていく中で。

近藤――僕の勝手なイメージで、すごく飛躍した話かもしれないんだけど、テクノロジーが今進んでいる先に、多少地球がぶっ壊れても構わないよみたいに見えちゃうんです。さっきVRの世界で全ての経験ができるとかもそう。じゃあもう体はいらないじゃんって思っちゃう。ものすごく環境破壊が進んでも、ドームの中で生きていけばいいじゃんとか。すごく極端な話ですけどね。

僕ね、最近すごくよく歩くんですよ。歩いて山とかも行くわけ。すごい好き。あとね、食うのも飲むのも好きなんです。それはね、やっぱり出てくる音も違う。人間は食い物で思考が変わったりするっていうけど、絶対にそう。やっぱりね、土に根差すとか、風を感じるというのは、僕らには必要なんですね。

古橋――まったくその通りだと思うし、ここが最近面白いなと思っているのは、テクノロジー由来というか、テクノロジーの先端にいる人ほど、マインドフルネスとかウェルビーイングとか、ディープテックとかっていうほうに流れていくのね。ディープテックというのは、社会問題を解決することにテクノロジーを使わないのは意味がないという。そういうものにテクノロジーをど

う使うかということを研究している。

それって、当初のテクノロジーというものが、チューリングから始まるような計算機が飛躍的に発展してホームPCになっていくようなコンピューティングの部分があったり、インターネットみたいなものがあったり、いろんな複合じゃないですか。同じ計算容量の半導体がどんどん小さく高密度に低価格になっていってスマホというものが出てきたり。そうしている中で、ある種、今見えてるテクノロジーは来るところまで来ているところがある。

そしたら、本当に向き合うべきものは何だっけと思う人が増えてきている。テック長者みたいな人も世界中にたくさん出てきたけど、そういう人たちって、あるところまで行くと、社会サイドに行く。ビルゲイツもそうだけど。マインドフルネスというのはもっとインナーな世界じゃないですか、自分の心をどういう風にするか。テクノロジーにいる人たちって、そういうサイドに結構行く。

今の話もそうなんですけど、あえて言っちゃうと、本当にそうかというのは別として、日本でＩＴ系のスタートアップとか、ある程度成功した人たちは、だいたい健康オタクとか、運動とか何かの趣味とか食べることとか、相当そういう人たちが多いと思うんです。昨日もスタートアップの、起業家の人たちと話したんですけど、ＩＴ企業ほどヘルスコンシャスが高いから、ジムに行きましょうとか、イベントで山に登りましょうみたいなことをやりたい。だから全然矛盾していないと思うな。

近藤――結局、生物的な刺激を受けていないと、いい発想は生まれなかったりするものですよ。山には都会では嗅げない匂いとかあるじゃないですか。やっぱり人間は動物だからなんだろうね。

古橋――今の話は、音楽家が言うんじゃなくて経営者が言っても全く同じ感じだよ。逆に、これだけ技術とかいろんなものが溢れているから、皆同じように「人らしさ」を自分の中に求めているのかもしれない。

近藤――さっきテクノロジーで問題を解決しようと言ったのは大賛成なんですよ。それはすごく大事なことで。アートって、何が問題なのかっていうのを見つけるために必要なのかもなって思っているんです。「これって、何かおかしくない？」という時に、そういう感性が働く。問題が実際に起きる前に勘が働く。それがアートの役割かな。

例えば美術館で、何かよくわからないけどすごいなと感じる。すごいなと思った後に、美術館から出て駅まで行く間に、自分が感じ取る情報の量とか質がすごく変わっていたりとかね。そういう実感があることがある。誰しもそういうのは時々あると思うんですけど。「心を開く」という言い方もします。それから問題の本質が見えてきて、解決するためにテクノロジーがあったり、そのテクノロジーを使ってデザインしたりとか。そういう関係性が保たれるとすごく幸せだなと思います。

クラシックってテクノロジーと一緒に発展してきたようなところがあるから。モーツァルトの時代、馬車にスプリングが搭載されたんです。産業革命で蒸気機関ができて鉄を曲げられるようになって、スプリングが普及した。それでモーツァルトは長い旅ができた。で、いろんな国に小さい頃から行けたから、ああいうすごく振れ幅の大きい音楽ができた。例えばそういうこととかね。

古橋――人が経験するものが技術によって変わるという話ですよね。それによってまた生まれる芸術が変わる。

近藤――そうですね。あと、社会が変わるということもあって。次の話のブリッジにもなるんですけど、モーツァルトの時代とかは、王様、貴族みたいな人たちがいて、そのもとで作っていたわけですよね。そして、社会が変わると、その作られている芸術の質が変わる。その前の時代は教会とか。ベートーヴェン以降になると民主主義みたいなものが出てきたりとか。二十世紀だとイデオロギーみたいなことに対してのアンチテーゼだったりするパターンが出てくる。ソビエトのショスタコーヴィチとかね。時代、時代で質がだいぶ違うんですけど。

そこでね、僕はちょっとブロックチェーン（分散型ネットワークにデータを同期・記録する手法）の概念に興味があって。限られた同じ通貨を持つコミュニティの中で信用があるわけですよね。それまでは、地域とか同じ宗教とかでまとまっていた。同じようなところに住んでいるから協力し合おうとか。隣の集落の連中が強いから、自分たちはまとまっていたほうがいいとか。いろいろ協力するために宗教が同じであったほうがやりやすいということがあるだろうし。

何かを使って、それをみんなで信じるみたいなものもあったわけでしょう。それで、国が出来上がって。

なんとなくですが、インターネットってつながる環境さえあれば、ロケーションとかあんまり関係ない。その国境がないところでそういう、宗教でもイデオロギーでもなくて、テクノロジーというすごくわかりやすいものでつながれる可能性があるのかな、とちょっと思ったわけです。そういう風な使われ方をする未来が来るのだろうかと。

古橋——可能性は十分あるよね。誰か一人が管理するのではないという状況で、まあ、そこはイデオロギーなんですけどね。それを信じる人たちにとってはすごい武器になり得る。それを、残念ながら我々の世の中は仮想通貨を超える使い道、本当のいい使い道をまだまだ見いだせていない。仮想通貨がバブルみたいに崩壊してしまったから、ブロックチェーンに対して世界中が冷めちゃった。今はFacebookが音頭をとっているリブラがあるけど、半分企業による信用が入っているのかなと、要はFacebookが入っているからリブラは大丈夫かなって。今言った極端な話からすると、わりと中央銀行的というか。

近藤——いい使い道を見つけられていない、か。結果的にそういう風になっていくんですね。リブラは最初に強力なFacebookのような大掛かりなコミュニティがあるから、それが作りやすいのかもしれないけど。それは国とはちょっと違うじゃないですか。

古橋——そう思う人がいると思う。だから成り立っているんだけどね。多国籍企業というほうが国よりももう少し世界をまたがっているのかなと。でも、全く誰も知らない人が始めたら、信用がないから、よくわからないと思う。

ブロックチェーンに限らず、インターネットというべきもの、テクノロジーがもたらした大きなアウトプットの一つ、いわゆるC to C（Consumer to Consumer）というものがすごく増えた。メルカリであったりAirbnbであったり。個人対個人のやり取り。これも昔は、中央集権的にどこかに登録しておいて交換する、仲介業者を通していた。それがなくなって直接やり取りをしている。つまりお互いがいいと思う価値で、誰にも文句を言われずに取引できるようになった。

近藤――なるほど、中央を経由しなくても直接やり取りができると。例えば、国家並みのレベルで、マンパワーでもなんでもいいけど、強い集団が、俺たちは独自のルールでやるからみたいなのが、インターネット上で成立しますかね？　あ、でもそうはならないか。だってまず、インターネットにつながらないとだめだからね。

古橋――そうだよね。中国ではFacebookはつながらない。でもあれはあれで国家戦略的には意味がある。結果として、海外企業を排除したから、自国内にアリババみたいな世界最大規模の企業が出てきたから。国の戦略としては正しい、育てたという意味では。

まあだけど、インターネットは情報統制を国が敷いた場合はどうなるか。逆に、中国がいきすぎてアメリカの情報を調べているんじゃないかとか、昔の貿易戦争とは違うレベルの状況になってきているよね。国家対国家の。

クラシックって何？

近藤――問題を見つけるために芸術があるのかもしれないと言いましたが、問題に対してのアンチテーゼ的な側面があったんですね、音楽には。どの時代も結構あったんです。ロックもそう。時代が変わると新しいスタイルの芸術が生まれてきているから、この先どうなるのかなと。特にクラシックは脈々とずっとつながっているんです。急にポンと一つのものができたというよりか、前のものをいじってちょっとずつ変わってきたみたいなところがある。クラシックがこの後どういう方向に行くのか。もしくは、新しいスタイルの音楽が生まれるのか。

古橋――クラシックというものを「クラシック」と規定し続ける必要があるの？

近藤――これは難しくて。「じゃあどこからクラシック？」と言われたら、どこからでもないし、「どこまでがクラシック？」と言われたら、どこまでもないんですよね。

開始点は、僕の個人的な考えとしては、歴史的にはグレゴリオ聖歌から、技術的にはバッハの平均律以降とか、ベートーヴェンの「英雄」以降とか、定義の仕方でいっぱい。まあ、そういう意味ではクラシックっていう分野は、結局ないのかな。一般的に言ったら、日本では弦楽器とかね、オーケストラでとか、生音でやっていますとか、そういうのがクラシックかな。

古橋――あとは弾いている曲がそうなのかな。

近藤――それもありますよね。モーツァルトとかシューベルトとか。

古橋――弾いている曲よりも、僕はスタイルの話なのかなという感じがします。

近藤――スタイルというのは？

古橋――違っていたら違うって言ってもらっていいんだけど、「オーケストラ」という編成で、演奏者が燕尾《えんび》服みたいなものを着て、ホールで聴くことが多い、今はもちろんプロムとかいろいろな形態があるけど、多くの場合、聴き方についてのマナーも含めてある程度は、みたいな、この空間全体に訴えるようなクラシックというものを聴きに行く時のみにわりと当てはまるものがあるなと、なんとなく思っているんです。

近藤――そうですね。やっぱり日本人だからそういうルールを作ってしまっているけど、本当はあんまり関係ないんですよね。服装も関係ないし。ただ言えるのは、商業主義とあまりにマッチングしているような音楽というのは、ちょっと違うかな。「クラシック＝芸術性がある」みたいな定義にするとしたらですけど。

古橋――「芸術性」というのは、何か新しいものがそこにあるということ？

近藤――クラシック、つまり西洋音楽が音楽然としてきたあたりって、ハーモニーをもってして緊張と緩和というのを使った。ドラマを聞き手に与えるみたいな作用があって。それをどんどん複雑にしていった結果、「転調」、つまりキーチェンジを発明したんです。そして、さらにドラマが複雑になっていく。そして音楽の父バッハの登場。「平均律クラヴィーア曲集」があるでしょう。バッハの当時というのは、平均律の調律はなかった。頭の中で、この調律を使えばこの曲が作れるじゃないかと作った。あれはすごい。その平均律によってそれまで制約があった転調が、自由にできるようになったんです。飛躍的に表現の幅が増えた。

そうやって拡張していくのだけど、それがどんどん行きついた先に、今度は調性が崩壊していくんですよ。ハーモニーが破壊され、新しいシステムを作ろう、十二音音階、セリー、モード、果てはジョン・ケージが音を出さない。「あれ、クラシックの分野？」みたいなことになっていく。今後どうなるかということはわからないけれども。

古橋――それが先に理論ありきなのか、何かを作った結果、体系化されるようになるかは別として、理論上何かブレークスルーが起き続けてきた領域って、クラシックにもある。じゃあ次に何があるのかというのは、またみんなが鬱屈としなければいけないということでしょう。

近藤――まあ、そうかもしれない。でももう、すでに鬱屈としているからね、世の中は。

古橋――ということは、何か生まれるかもしれない？

近藤――たぶんそうでしょうね。新しいスタイルの。

音楽が生まれた時

古橋――言葉と音楽は同時ぐらいに生まれているでしょう。コミュニティというものがあって、まあ一人でやるものじゃないよね、音楽は。

近藤――そうでしょうね、たぶん。それか、一定の周波数を脳に与え続けることで、ちょっとフロー状態になったという可能性もある。つまりね、風呂に入って「うー」って言って、なんか歌っちゃったりするみたいな感覚で歌い始めた可能性はないとはいえないと思う。それが、「みんなでやると、みんなで気持ちいいじゃん」ってなって集団になった可能性はあると思う。それはちょっとわかんない。音楽ができた瞬間って。

古橋――「言葉」って前提として、自分のためだけにはならないじゃない。記録をしだしてからだけど、何かとコミュニケートするためにある。そういう中で心に作用するものとして、確かに音楽は一人でも成り立つけれどね。

近藤――相手に聞かせるという意味では、クラシックの前提というのはそこに実はあるんですけどね。聞く人がいないと成り立たない。

古橋――人間が人間たるうえで、cognitive revolution、「認知革命」ね。

近藤――そのあたりでしょう、たぶん音楽が出来たのは。猿と人の境目ね。

古橋——ないものを想像する能力ができた。例えば時間という概念があるけども、今、年の瀬を迎えて、年末だしそろそろ、と思っているのは、完全に人為的なものでしょう。つまりカレンダー。本来は、自分がただ年齢とともに老いていくということだけじゃない。時間の前で。コミュニティのサイズで一二〇人ぐらいまでが「噂が噂として成り立つ限界」みたいな話があるじゃない。オーケストラの最大サイズはそれぐらいじゃないかと思って。

近藤——オーケストラは「社会の縮図」とよく言われるんです。みんながニュースを見ているかどうかはわからないですけど、だいたい世界で起こっている流れと似たような感じになるんです、人間関係が。例えば、オーケストラにはいろんなセクションがあるじゃないですか。ヴァイオリンセクション、オーボエセクション、トランペットセクション、いろいろある。そのセクションが自分たちのことは自分たちだけで決めたい、というのが顕著になってきている。これ、トランプが出てきて一国主義とか移民排除とかしだす少し前ですよ。だいたい、世の中がそうなるちょっと前にそういうことがあるんです。面白いですよ。小さいコミュニティでも大きいコミュニティでも、たぶん抱えている問題は一緒だと思う。

古橋——そういうことか。やっぱり世の中のいろんな刺激の中で同じようなことを考える人が増えて。

近藤——基本的に今の日本は民主主義だけど、音楽的な決定を下さないといけない時は民主主義は通用しない。演奏会中は特にそうで、一瞬で決めなければいけない。指揮者に求められるのはカリスマ性。「ああもうしょうがない、ついていこう」みたいな、よくわからない説得力みたいなものが必要なんです。ちょっと教祖的。コンサートマスターは実務的なことが多いけど。

古橋――コンサートマスターはCOO（Chief Operating Officer：最高執行責任者）っぽい。マエストロはCEO（Chief Executive Officer：最高経営責任者）なんだけど常駐ではない。経営者が変わる会社。

近藤――そんな感じです。まずい経営者が来た時はCOOが頑張る。

古橋――会社のポテンシャルを引き出せないからね。

近藤――でも、うちみたいなオケは一人ずつの能力がすごく高いから、そんなにやらなくても。指揮者はカリスマ性を維持するためにちょっと神秘的なところが必要なんだけど、若い指揮者は神秘性が守れない人が多いかな。みんなと一緒に、あなたたちに寄り添って音楽を作りたいと口では言っていいんだけど、本当にそう思っちゃいけない、指揮者は。

古橋――そうだろうね。というのは、すごく経営と似ていると思った。特にウェブテックに近い。スピード感があって、その場でやらないと死ぬかもしれない緊張感があることが多い。だから、ある種有無を言わさない決断力が必要で、それをカリスマでもなんでも、言うことを聞かせてやらせないといけない。それができないやつは経営なんてできないから、という話なんですよね。民主主義をうたいながらも。孤独だよね。

近藤——そうですよね。指揮者もそうだけど、コンマスもそう。孤独。これは逆に理解してもらっちゃいけないんだけど。

古橋——この間、東京フィル＝チョン・ミョンフンの「新世界」を聴きに行ったじゃない。結構衝撃だったわけですよ。「新世界」は中学のオケ部でもやったし、ほうっておいても耳に聞こえてくるぐらい聞いているわけじゃない、いろんな有名指揮者の。でも全然違ったからね。僕と一緒に行ったヴァイオリンの人たちも、みんな、なんか映画音楽というか、今の新しい曲を聞いているかのような錯覚があったんです、感覚的には。何がどう変えられているのか、細かく言えば「ここ違ったね」みたいなことは言える。わかんないんだけど裏にあるコンセプトなのか。それがすごく面白かった。

近藤——ありがとうございます。本来そうじゃないとね。わざわざ過去のものを掘り出してきて演奏する意味がない。音符ではなく、時間が経っても変わらない何かというものを演奏する。時空を超えるみたいな。

古橋——そうだね。それはすごい感じた。

近藤——「それは何なのか?」と言われると、とてもじゃないけど説明はつかないけど、でも「あるか?」と聞かれたら、「ある」って言う。

古橋——それを提示できる人は、少なくともそれをやっている人の中では、指揮者でありコンサートマスターがリードしてそのビジョンを持たない限り、なかなか生まれないんじゃない。

近藤――それこそ、チョン・ミョンフンはスーパー指揮者ですけど、彼の統率というのは、もうほとんど神業です。リードというのは、実はほとんどしていなくて、ものすごく相手の音を聞く。そもそも、指揮台に立つ前にもうリードは終わってるんですよ。彼はこう考えるだろうと、リハーサルの時にはすでにこっちが想像するわけです。そういう時ってね、やっぱりいいものを出そうとするんだよね。結局プレイヤー一人ひとりが最高の音を出すから最高の演奏になる。それがまた相乗効果で、自分が出したことのないような音が出ちゃったりということが起こる。幸せな体験ですよ。それが偉大な指揮者の共通点だと思う。

古橋――本当にCEOって感じがするね。それはいずれ組織論的なものに起こしてさ、書いたら面白いと思うよ。

人はどうなっていくか

近藤――AIのこととか、ゲノムとか、だいぶ進んでいますよね。さっき言ったような人間らしい、なんなら少しカオスとか矛盾をはらんでいる可能性のあるAIがすでに誕生しているわけでしょう。あとは、サイボーグみたいなやつとか。

東京大学先端研の所長の神崎亮平さんは生命知能の先生なんだけど、昆虫の脳みそをロボットにつなぐ。そうするとそのロボットが動くんですよ。自分の体のサイズよりも大きい

◀楽天が開催した「Rakuten Optimism 2019」の中で山中氏を招いて行われたパネルディスカッションにて，モデレーターを務める古橋氏

サイズのロボットをつけると、最初は壁に当たっちゃったりするらしいけど、そのうち学んで、その体を自分の体のように、ちゃんと個体の大きさを認識して活動するようになる、みたいなこととか。すごい世界が迫ってきているわけですよね。

人間はメソポタミアあたりから、不老不死を求める癖があるでしょう。やっぱりそういうのに歯止めは絶対にきかないだろうなと思うんです。そうやって究極まで発展した時、どうなるのか？　実際今どの辺まできているのでしょう？

古橋――この間ちょうど、山中伸弥先生（京都大学iPS細胞研究所所長／教授）とデイビット・エイガス氏というスティーブ・ジョブスの主治医と、小林久隆先生（米国立ガン研究所主任研究員）という三人の世界的な医学研究者をパネルにお招きしてディスカッションをしたんですよね。「医療とテクノロジー」という議論で。我々がガンをいつ乗り越えられるかという話をしたわけ。山中先生が「うーん……。それは難しい」と、近未来を踏まえても。先生が思っている再生医療みたいなものを相当コントロールできるようになるけども、克服はたぶんできないと思う、と話していて。デイビット・エイガス先生も同じようなことを言っていて、かなりのところまでは延命率は高まっている、けれど、完全に克服はできない。人間の体の老いを完全に止めることはできない。ガンはどういった状況でも活性化してしまう。基本的に長く生きればガンの発生率、ステージは高まるから、それは非常に難しいということを、一応世界の最先端の人たちは言う。今後何十年かという見通しも立たないと言っていた。

　これが、リアリティはリアリティ。ただ、不老不死ではないけれど、長寿になっていくことはできるだろうね、きっと。機能面を医療でまず補っていくということでは、どんどん選択肢が増えている。目とか確実に再生医療で良くなる。目とか皮膚とか、臓器とか。

　もう一つの軸のほうがたぶん人間にとって難しさが増していて。それは、いわゆる中枢神経系の世界で。つまり認知症とかね。そういう脳のほうのコントロールがまだない。

　そこのメカニズムが、物質としてどのたんぱく質が増えると認知症を発症しやすいとか、そういうところまでは解明されていても、抑える物質は何かわからない。正直まだ見えていない。でも、少なくとも生きやすくはなるかな。医療的なものもそうだし、ロボットといういろいろな形で体を補強・補完するものというのは、どんどん小さくなっていくと決まっているので、それはどんどん楽になっていくと思うし、この二、三十年でどんどん良くなると思う。

近藤――音楽家だからかもしれないけど、例えば一フレーズ弾く時に、僕らは未来を必ず考えて弾くわけです。先を見て、このフレーズはこうやってスタートして、どの方向に進めていこう。この四小節の先には、また次の四小節がある。これは過去の四小節に対して次にどういう未来をつくるかということを考える。この四・四に対して、その次は八がある。そういう風に節があって、構造があって、みたいな感じで、常に未来を見て弾いている。言ってみれば、過去のデータを読みながら未来を弾いているわけです。

そうすると、フレーズの第一音目がすごく大事で、弾き始める前に、どういう音を出そうと思わないとだめなんです。ちょっと怖いのは、我々人間が何かテクノロジーなりを発明しようという時に、この先どうなるかというのは、研究者個人は考えている可能性はもちろんあるだろうけど、全体として、社会としてはあんまり考えてなさそうな雰囲気もあるから、ちょっと怖いのよね。

古橋──どういうこと？　先を考えてなさそうな社会って。

近藤──要するに第一歩を踏み出す方向というのを間違えると、その先、音楽だと一音目の方向性を間違えたら違うフレーズになってしまうわけ。

古橋──この話は多分二つに分けたほうがよくて。今あるネガティブ、困難を克服する話と、よりプラスに変えていくという話は、たぶんニーズが全然違うところにある。

一つ目、さっきのガンを無くすというのは、今ある人が亡くなってしまうという現象を減らすためのところですよね。これは、それを無くすということははっきりしている。伝染病みたいなものを無くそうというのと似たものというか、同じ発想だと思うんです。

そこから二つ目、今度は何があっても生きようとか、より健康のままの状態、あるいはそれを疑似化したようなものというのは、今無いものをさらに欲で求めている。プラスを求めているというか。そちらに関しては、多分に論争の的ですよね。それは「考えていない」というよりは、むしろ哲学・倫理・宗教というものによってブレーキされているところがすごくあるよね。

近藤――まさにそれです。その倫理とか哲学みたいなものが及ばないぐらいスピードが速いと思うわけです。

古橋――技術者的な視点で言うと、それによって結構止められているケースが多いという風に考えてるんだ。

近藤――研究者自体が？

古橋――そういう研究をしたい人たちからしても、宗教的発想のもとで、いわゆるクローンを作る時からずっとそうだし、どこかで、これは本当かどうかわからないけど、中国のほうでやりましたといったけど、やっぱり「やってはならない」っていう、ある種みんなで作ったルールがあるよね。もちろん裏で誰かがやっていたらわからないけど。そういうルールを自分たちで作った。生命に近いものを扱う人たちほどそうですよね。

近藤――やっぱりそうなんだ。少し安心した。

古橋――全く違うことをやっていた人が、その業界に来るとすごいブレークスルーとかがよくあるんです、研究では。領域みたいなものを変えてくると。そういう人たちが現れだしたら正直わからないよね。発想が違ってくるから。でもやっぱり生命を扱う人たちほど倫理的な議論が多いな、という印象はありますけどね。

近藤――それがすごく儲かるとなったらどうなるだろう。

古橋――そこに、技術とか産業、あるいは研究というものに対する国の統制があるんだよね。やっぱりなんだかんだ言って法律とかレギュレーション（規制）とか、あとは補助費が出る出ないとか税金のかけ方で全くインセンティブが変わるから。そういうものも本当は、ある程度きいている余地はあるのかもしれない。

近藤――じゃあ国が判断を間違えたら?

古橋――国の判断は、要は民主主義で選ばれている人が多いから。トランプがどうかは別として、アメリカは極めてコンサバな国じゃないですか。なんだかんだキリスト教は強いし。そういうところがなんだかんだ歯止めになって、意外と進まないということかなと思う。根っこはちょっとおかしいけどね。

近藤――じゃあ、そういう意味では芸術とかアートとかとは、すごく……。

古橋――近寄っていくんだよね。技術があるところまで抜けて世を変えるところと、それはさっき言っていたような、かなり形而上学的というか、倫理とかそういうものを考えるようになって、人の幸福って何かみたいなところに意外といくんだよね。マインドフルネスみたいなところに。さっきのディープテックの発想も近いと言えば近いよね。社会を良くするのであって、社会の舞台を悪くしようと思わないわけよ。今サステナビリティ（持続可能性）だのなんだのって言っているけど、結構それが何十年ぶりかで盛り上がっているのは、わりと今あるテクノロジーの限界が見えてきた、あとは資本主義がどうなるかわからなくなってきたという世の中になってきたから。

近藤──資本主義がどうなるかわからない、やっぱりそうですか。そこが変わってくると相当いろいろ変わるなと思う。クラシックに限らず今の音楽全般、世の中で聴かれている音楽のほとんどは、儲かるかどうかでやっているんですよ。ということは、かつては宗教、王侯貴族のもとにあった音楽が、今はお金のもとに存在している。ほかの分野もそういうのって多いじゃないですか。売れるものじゃないと作らせてもらえないでしょう。そうした時に、ちょっと怖いのよね。何にコントロールされているんだろう?と思うから。そういう一学者が、倫理感が許さないからこの研究は止める、今までのデータは全部破棄するといっても、すごく金を持っている連中が「資金はいくらでもあるぞ」みたいなことで、やれるわけでしょう?

古橋──やれなくはないよね。そういうものが新しいものを生み出すことって事実としてあるからね。つまり、そういったある種狂気に似たようなものが、新しいものの世界を生んでしまうということは、事実としては起きてきたわけで。

近藤──結局、インターネットにしても、最初に技術があって、しかも軍事用の。それをどう使ったかで世界が変わるわけか。

芸術とは

近藤――テクノロジーの最先端を知る人、そういう古橋さんから見ると、音楽とか芸術とかはどういうものですか。

古橋――一個人の視点からすると、先の未来、世の中、それに向けて技術がどうあるべきか、企業として我々がどうあるべきか、みたいなことを徹底して毎日考え抜いている。だけど結局、ふっとした時に自分が楽しんでいるのは音楽だったり、美術館で観ているものであったり。今考え抜こうとしているものと、軸が違うっちゃ違うの。さっきインスピレーション的なことを言っていたけど、自然の中を歩いてインスピレーションを得るってあるかもしれないけど、人がエネルギーを注入して作り切った芸術、あるいは音楽、そういうものからインスパイアされることはすごくあって。

それは全く違うことをやっているはずなんだけど、その結果何かがすっきりしたとか。テクノロジーによる未来とか、今企業としてどういう風にやるべきかみたいなことを考えるきっかけになるような気がする。こういうもので心地よくなった自分という状態とか、こういうことって人に必要なんじゃないかみたいなことを、そこで自分が受ける心理的印象とか、そういうものの中で、人の未来を考えるきっかけにつながることは非常に多い。だからバランスするという意味では、すごく取り入れている。

近藤――未来を考えるうえで、ということですね。

古橋――そうだね。なんか「人」というものを考えさせられるんだよね。その裏にいる「人」みたいなものをものすごく想起させられることが多い。その中で、自分の考えている人像みたいなものの中に、そこで受けた人像を重ねていくような感じ。今の社会なり、先の社会にというね。

近藤――すごくいい言葉です。「芸術とは人を想起させるものである」か。

古橋――そんな気がするね。「この絵って何なんだろう」という考え方ね。「どうして描いたんだろう」とか。アートに「Why?」は禁物ということはあるかもしれないけど(笑)、いろいろ想像するよね。

近藤――偉大な芸術作品って、コミュニケーション能力が高い。すごく語りかけてくるような。多くの人に支持される作品は、いろんな人とコミュニケーションがとれているわけですよね。そして、同じ作品を見た人たちと間接的にコミュニケーションをとることにもなるわけで。コンサートホールってしゃべらなかったりするじゃないですか。あれってなぜかというと、そういう気配を感じるにはああいうのっていいんです。人と人の気配。

一方で、最近僕はやっていることがあって、森で弾いたりしているんです。これがね、面白い。自分のためにもいいし、都会に住んでいると自分は自然の一部なのだという確認が必

◀東海高校オーケストラ部の校内演奏会（1995年９月24日）

要な時があって、特にメッセージを発しなければいけない場面には。仏教の世界もそうじゃないですか。真言宗の開祖の空海って中国に行って仏教を学びましたよね。その中にチベット密教の曼荼羅《まんだら》があるんですけど。チベット曼荼羅と真言曼荼羅と、一個だけ違うことがあるんです。チベットのほうは一番端っこに草とか木が描いてあるんです。真言宗は石まで描いてある。無機物も描いてあるんです。草木は生物じゃないですか。DNAがあって、配列が違えば僕らも木や草だった可能性もある。空海はそこに無機物を入れたんです。まあ、たどってみればビッグバンかもしれないから、それがたまたま生物には塩基配列が出来上がっただけで。僕は、それを聞いた時にすごくハッとしちゃったんだけど。ロボットって無機物でしょう。曼荼羅でいうところの石なわけじゃないですか。空海はそれが仲間だと。まあ「仏性がある」という言い方をしたんですけど。石にも仏が宿っていると考えた。

古橋――なるほど。それは楽器はパートナーだというのと似た発想だなと思った。近藤は楽器を無機物とは見ていないよね。完全に体の一部みたいな感じですよね。近藤と言えばすぐに思い出すのは、ずーっとヴァイオリンを肩にのせていた。中一の時か。部室でほかのことをしている時でも、ヴァイオリンを弾きながら歩いていた、話している時も。常に肩に楽器がセットされているイメージが強い（笑）。

近藤——演奏家は楽器を自分の体の一部のように扱えることを一番目指すから（笑）。父と祖父からそういう教育も受けていたかな。楽器を物として扱わない。体の一部だし、魂がそもそも宿っているものだと。小さい頃からずっと言われていた。

古橋——石は無機物かもしれないけど、そこに仏があるというのも含めて、そういう体験をしているんじゃない？

面白かったのが、何年か前にロボットの研究をしていたんだよね。ホームロボットという、家の中にロボットを置いて、それによって人々の生活や考え方や生き方がどう変わるのかを、わりと大掛かりにアメリカとか日本とか色んな国で調査をしたんです。最後に共通したことは、アーティフィシャル・インテリジェンス（AI：人工知能）って、インテリジェンスを求めなくなってしまうんです。アタッチメント（心情的な愛着）の世界になるんです。気持ちに入っていくから、アーティフィシャル・エモーションを作ったほうがどうもよさそうだなと。

人型の小さいロボットがいて、まあポンコツだったりするわけですよ。だけどそこが愛らしくなる。もっと言うと、日本は人型が好きでアトムシンドロームと言われているんだけど、海外はポッド型のアレクサとかエコーとか、あれに対しても友達のような感覚になっていく。だから話相手になる。その時に、すごくスマートな回答を求めているより、わりとベタに「その服、素敵ですね」とか「今日は晴れてますよ」みたいな話のほうが喜ばれたりするってこともわかった。人は無機物に対しても愛着は持てるという話だし、あきらかに人工のものだとわかっていても、その会話の中にいろんなことを感じるようになっていくんです。

近藤――なるほど。無機物とのコミュニケーションというのは、これからの人類の課題かもしれないですね。

古橋――自分のヴァイオリンがしゃべるようになったら嬉しくない？

近藤――聞いてみたいような気がする。音を聞けば、機嫌が悪いなとかあるんですよ、やっぱり。

古橋――ほら（笑）。

近藤――そういう、物質、無機物とのコミュニケーションにも、芸術が一役買えたらと思いました。本日は興味深い話をありがとうございました。

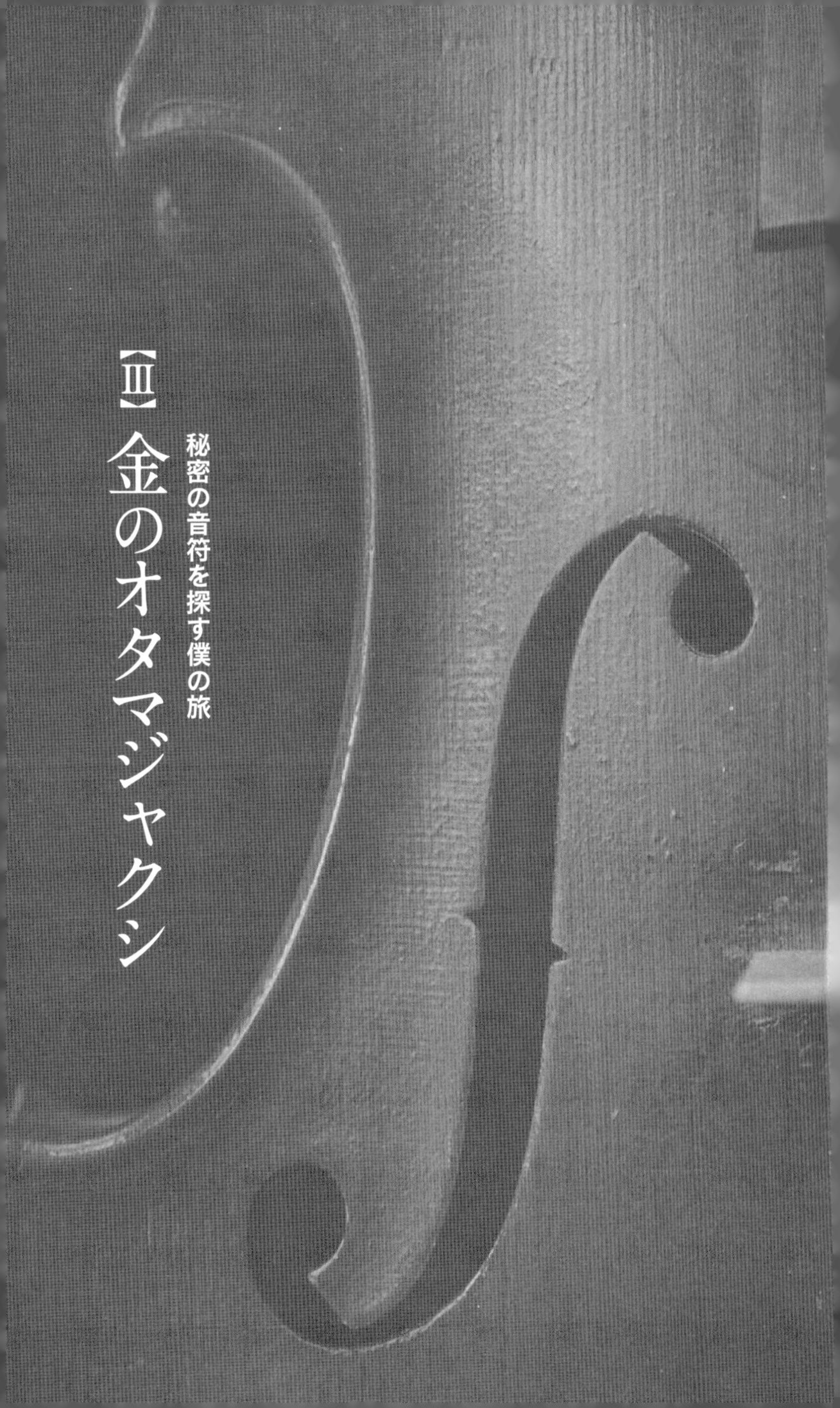

【III】金のオタマジャクシ

秘密の音符を探す僕の旅

＊「西日本新聞」（二〇一六年六〜八月）に連載した随筆「金のおたまじゃくし」をもとに加筆、再構成する。

ゴールデン・ノート

僕たち演奏家は、音符から作曲家の意図や思いを読みとく。偉大な作曲家は、その人にしか書けない秘密の音符を、楽譜のどこかに落とし込んでいる。演奏家は、何とかして五線の上を泳ぐオタマジャクシの大群から、その一匹の〝金のオタマジャクシ〟を探し出すわけだ。

偉大な作曲家ほど、この金のオタマジャクシを紛れ込ませるのがうまい。実際に金色で書いてくれたら楽なんだけどな。だがそれを一生懸命探すことも大事なことなのだろう。

十分に注意をして音符を読んでいくには、心のアンテナの感度を上げることが大切だ。クラシックなんて何百年も前の外国人が書いた曲なんだから、心の深いところで理解しようとしないと、薄っぺらい演奏になってしまう。

そうやって毎日心のアンテナを張っていると、何か文章なり小説なりを読んだ時に、ものすごく影響を受けてしまう。日々、楽譜上で同じ形のオタマジャクシばかり追っている僕には、文字というものがあまりに直接的で、強すぎるのだ。一度読もうものなら、もう人生観が変わってしまうぐらい、良い影響も悪い影響も受けかねない。

実際、これまでもそうだった。たくさん読んでバランスを取ることができればいいのだが、そこまでの時間はやはりない。結果、かなり慎重に、厳選して読む、もしくは読まないということになるのだ。ただし、詩は別だ。あれは音符とよく似ている。

師匠たちも、「絵画を観ろ、映画を観ろ」とはよく言ったが、「文字を読め」とはあまり言わなかった。僕には向いていないと思ったらしい。代わりに、逸話や体験談などで本質を伝えようとしてくださったように思える。音楽が持つ、哲学としての本質である。

ちなみに金色のオタマジャクシ、またの名を「ゴールデン・ノート」は大きくなると、金色のカエルにはならず、この哲学というものになって、ホール中をぴょんぴょん跳びはねる。僕も跳びはねる。舞台から客席へ、ジャンプ！

道しるべ

ヴァイオリニストとしての僕の活動は、九割がオーケストラでのコンサートマスターの仕事だ。通称「コンマス」と呼ばれ、一応オケのリーダーということになっている。「かっこいいですねえ」なんて言われることもあるが、演奏者と指揮者の橋渡し、中間管理職みたいなものだ。でも、とてもやりがいのある仕事だと思う。

実は、祖父もその昔コンマスをやっていた。日本のプロオケの歴史は百余年。日本最古の楽団である東京フィルハーモニー交響楽団は、名古屋でいとう呉服店（現在の大丸松坂屋百貨店）の青年音楽隊として産声をあげた。その後、中央交響楽団、東京交響楽団などと名前を変え、現在に至っている。

祖父はこの青年音楽隊時代から所属し、資料が残っている限り、日本で最初にプロオーケストラのコンマスに就任した一人だという。しかし入団後ほどなく戦争になり、祖父も召集され、戦地に送り込まれた。

祖父は見張り塔で飛行機の音を聞き分けて、仲間に報《しら》せるお役目だったらしい。つまり、絶対音感を使って、エンジン音の音程を聞き分け、どこの国の飛行機かを判断する。敵機であれば、「来たぞー！」と叫びながら、真っ先に逃げたそうだ。それでおじいちゃんは生き残ったんだ、と話してくれた。

戦後は教育者として愛知に戻った。そして息子に、つまり僕の父に指導者の資質を見いだし、二人でヴァイオリン教室をやるようになる。

二人は三代目の僕によく稽古をつけた。父のレッスンは厳しいものだったが、一度も強要されたことはない。祖父は、とにかく僕がヴァイオリンを嫌いにならないように、弓をもって綱引きのようにしたり、踊りながら弾いたり、遊びながらやってくれた。

今思えば、バランスのとれたタッグだった。おかげで音楽の道を志す者が一度は陥る、「もう楽器なんて辞めてやる！症候群」にならずにすんだ。

どんな因果か、これが血というものか。僕も同じ道をたどることになった。道しるべになってくれた二人には、すごく感謝している。

便利

実家にＬＰレコードがたくさんある。ＣＤが本格的に普及する前、まだラジカセでテープ音源を聴いていた時分、クラシックでもＬＰはまだまだ主流だった。僕が小学生の時だ。ほどなくしてＣＤ商品が多くリリースされたので、ＬＰはあまり聴かなくなってしまった。なぜって、聴くまでの手間が全然違う。ＣＤの軽く倍の手順が必要である。それにかさばるし、物理的にレコードプレーヤーは持ち歩けない。クラシックの曲は長いので、一曲聴くのに何度もレコード盤を交換せねばならない。そして保存にも気を遣わないといけない。

先日久しぶりにレコードを出してみたら、見事に白カビが生えていた。カビちゃんよ、こんなところまで勢力を伸ばしてくるとは、なかなかやるじゃない。君たちも音楽が聴きたかったのかい。だが黒い円盤の溝にはまっていても音楽は聴こえないのだよ。

カビをきれいにふき取ってターンテーブルを回し、針を落とした。やっぱりデジタル音とはかなり違う。奥行きがある。ザーッ、プチプチという雑音はあるが、それもまた味だ。

僕はCD世代で、音楽の勉強をするにもCDを使うことが多い。僕らは職業柄か、普段音楽をかけ流したりはしない。勉強のために資料として聴くことがほとんどだ。最近ではMP3なるものが出現し、至極便利になった。かなり小型のプレーヤーにCD何百枚分の音楽がデータとして入っている。持ち運ぶのにも、整理するのにも便利。

しかしだ、MP3プレーヤーで聴くと、どうにも頭に音楽が入ってこない。往年の先輩方はCDだってそうだ、と言う。「やっぱり針を落とさないとね」。

ただ一つだけ言えるのは、音楽を聴くことは、聴覚だけに頼ってするものではないということ。演奏する上でもそうだ。視覚ももちろん、五感全部を使い、第六感みたいなものも必要になってくるかもしれない。すると、出てくる音楽に深みや立体感が加わる。便利さに目がくらむと、いつの間にか平坦《へいたん》な音楽家になってしまう。

ちかしオケ

田中千香士先生という音楽家がいた。パリに留学したのち、NHK交響楽団のコンサートマスターとして活躍し、僕が芸大時代には教授をされていた。直接師事したわけではないが、本当にチャーミングな先生で、特に男からは絶大な人気があった。もう鬼籍に入られたが、今でも先生のファンは多い。

とにかく洒落《しゃれ》た方で、服装がぱっとしない生徒には、「次の課題はこれを勉強してきなさい」と、練習曲の代わりにファッション誌を渡した。かくいう先生はいつも同じトレンチにハットのいでたち。なんだ、と思いきや、全く同じものがクロゼットに二十着ぐらい入っていて、毎日どれにするか選ぶそうだ。「これが本当のおしゃれだよ」とおっしゃっていた。

先生は指揮もしていた。「ちかしオケ」と呼ばれるオーケストラで、僕もたびたび演奏に加わった。ドヴォルザーク「新世界」や、ベートーヴェン「運命」など、あのオケでの経験は今の音楽活動にも、大きく影響している。

そもそもコンサートマスターになったのだって、先生に「君はコンマスをやりなさい」と言われたからだった。ヴァイオリンを弾いて言われたのではなく、唯一できるカードの手品を披露したらそう言われた。

リハーサルでの先生は、いつも厳しいお顔だ。だが、そんな表情で終始おかしなことばかり言っているから、どこまで本気でどこまで冗談かわからない。

「だめだめ、喜びも悲しみも持って音を出さなきゃ」

「最後のところは、紳士が角を曲がる瞬間、チラッとこちらを見るんだ」

「ここはインディアンの葬式だから、たのむよ」

そのうち楽団員はこらえきれなくなり、笑いだしてしまう。

具体的な指示は一度もなかったが、不思議と音楽が力を持っていく。想像力をかき立てられる先生の指揮は、絶対にほかの人にはできない。はっきり言って、棒のテクニックはめちゃくちゃだったが、そんなことは全く問題ではない。

あれだけ記憶に残る音楽をやる人はそうそういまい。今でも憧れの人だ。

本番

あとは野となれ山となれ——。公演前はこういう心境になることが少なくない。リハーサルを十分に積んでの本番では、「やるべきことは、やった、あとは野となれ……と、かっこいい感じになるのだけれど、逆の時には、みんなでドキドキ。そのせいか、危機的状況での本能か、妙な連帯感が生まれる。

少人数のアンサンブルでは、「本番何が起こるかわからないけど、がんばろうな。でも終わっても友達でいてね」とか、笑えるような、笑えないような会話が聞こえる。オーケストラの場合だと「さあ、リハーサルのことは忘れて、思いっきり音楽をやろう」なんて、指揮者が言っちゃうことだってある。何日もリハーサルで具体的な指示を出してきたあなたが、それ言っちゃダメだろう、とも思うが、気持ちはわかる。

指揮者によっては、この危機的状況を巧《うま》く作り出し、演奏の「+α《プラスアルファ》」にするマエストロがいる。限られたリハーサル時間の中で、最高のものを生み出すべく、あらゆる手段を尽くすのがマエストロ。そして時に、あえて不安定な状態で本番に挑む。そしていつも以上の集中力を発揮させ、すごい演奏にしてみせる、という離れ業を成すのだ。

このあたりのさじ加減は、指揮者とコンサートマスターの手に委《ゆだ》ねられる部分が多い。リハーサルでのひそかなアイコンタクトで、「いけるか?」「大丈夫」とやる。確証はない。賭けだ。

正直、指揮者もコンマスもオケのメンバーたちも、みんな怖いと思っているだろうが、ステージに立ってしまえば、もう演《や》るしかない。下手をすれば、大崩壊を招く。しかしうまくいけば、すれすれをいく感じがだんだん恍惚感となり、躊躇《ちゅうちょ》せず音楽に踏み込める。ここしかない!という奇跡の瞬間で心が一つになれる。

野となるか、山となるか。丘程度を目指してしまえば、そこで終わるだろう。しかし、ひとたび山の頂上へ皆で登ってしまったら、あとはもう、そこを目指すしかない。

ピンとポン

スポーツ観戦が好きだ。試合場にも行くし、テレビ放映もよく見る。野球、サッカーからカーリングまで。

音楽とスポーツは、何かと共通点が多い。特定の技能、能力、筋肉が発達した演奏家は、さながらアスリートのようだ。「芸術的なシュート！」というセリフも、スポーツニュースでよく耳にする。選手の肉体美なんて、芸術そのものだ。

ある日、卓球の世界大会か何かをやっていた時、解説者の口から「反応速度」という言葉が出た。ピンポン球の速度はとんでもない速さで、しかも一球ごとに違った回転がかかって飛んでくる。どう打ち返すのか、瞬時に反応しなくてはならない。ラリー中は考えている暇なんて、全くないといってよいという。

僕ら音楽家の本番でも、そういう反応速度が要求される。別に超速で楽器が飛んでくるわけではないし、幸い客席から卵が飛んできたこともない。たまに指揮棒は飛んでくるが、せいぜい時速一〇キロぐらいだろう。じゃあ、何に反応するかって？　一緒に演奏している演奏家の音にだ。一緒に音楽を紡いでいくが、曲は待った無しでどんどん進むから、やはり考えている時間はほぼない。

コントラバスがピンと弾くと同時に、太鼓がポンと叩くとする。オーケストラは大人数なので、音の発信源に距離がある。相手のピンが聴こえてからポンでは、だいぶ遅い。客席に正確に聴こえるには、音楽の流れを感じて、仲間が何を感じたかに反応し、ピン、ポン。感じ、反応する。そうして発せられた音は、生きた音になる。

予定調和だらけの演奏は、お人形さんのようでつまらない。音楽会はライブだ。ライブはもともと「生きている」という意味だった。その場でしか生まれなかった音が重なって、生命力が、音楽が奏でられる。

アンサンブルに必要なのは、技術だけではない。大切なのは自らをさらけ出す勇気と、仲間を信じる心。ステージに上がるのは、まるで仲間たちと冒険の旅に出掛けるようなものなのだ。

小値賀にて

今年（二〇一六年）三月、長崎県の佐世保港から高速船に乗り込み、およそ二時間。五島列島の一つ、小値賀島《おぢかじま》にやって来た。十五年続いている「おぢか国際音楽祭」に参加するためだ。人間が手足を広げたような形をしたこの島の人口は、およそ二六〇〇人。島民によるボランティアで成り立つこの音楽祭は、最初の歓迎レセプションから温かいものだった。「何もない島ですが」とおっしゃる島の人そのものが、小値賀島の宝だと思った。

島の古い集会所でのコンサートも素朴な雰囲気の中で開かれ、島内外からのお客さまで盛況となった。音楽祭のハイライトは、今は無人島となった隣の野崎島《のざき》の古い教会、旧野首《のくび》教会でのコンサートだ。野崎島に移住した隠れキリシタンの子孫たちが、三食を二食に減らし、少しずつ少しずつ、材料を集めて造った教会だそうだ。

翌朝早くに小値賀島を出発し、小型船で野崎島へ向かった。船着き場から急な坂を登る途中、キュウシュウジカの親子がこちらをうかがいながら、山深くへと消えていく。しばらく歩くと島の反対側を望む景色の中に、レンガ造りの教会が現れた。

海に面した入り口から中に入る。堂の内は心持ちひんやりしているが、円天井を支える曲線の木柱が信じる者を優しく包み込み、側面のステンドグラスが憩いをくれる。なんだかホッとするな。強い光の向こうに神をうかがうのではない。ここに居ていい、帰ってきていいんだと思わせる不思議な包容力がある。

コンサートのプログラムはバッハ。神のために作曲し続けたその人の音楽には、愛があふれている。本番直前のリハーサルで、共演者たちと最後の打ち合わせをするうち、音楽が変わってきた。落ち着いた鼓動とともにテンポを少しゆっくりし、心の静けさとともに音量も控えた。

この場所には過剰な演出は必要ないと、皆が感じていたからだった。必要なものを必要な分だけ。島の暮らしとリンクするような、そんな心持ちで演奏した後、ありがとう、とつぶやいた。

九響

二〇一一年から五年あまり、九州交響楽団でコンサートマスターをやらせてもらった。現在は客演コンサートマスターとなり、明日七月二日もイタリアの新鋭、ルスティオーニが指揮する「第三五〇回定期演奏会」（福岡市のアクロス福岡にて）に出演する。九響と各地をまわりながら、九州が大好きになった。

九響との出会いは二〇一〇年の秋。フランス物のプログラムの定期演奏会に客演した。定演はオーケストラが特に力を入れる演奏会だ。九響は独特のサウンドとリズム感をいかんなく発揮して、会心の演奏だった。

この最初の定期演奏会の後、九響名物のヴィオラの大男（ヴァイオリンより一回り大きなヴィオラをさも軽々と弾きこなす彼。舞台でも目立つので、演奏会に足を運んだ際は注目してほしい）によるきめ細かいおもてなし（つまり宴会）で楽団員と話すうち、だんだんと情にほだされた。皆自分のオーケストラを誇りに思い、愛していた。

オーケストラにはそれぞれ特色がある。楽団の成り立ちや歴代の指揮者の特徴にもよるが、いいオーケストラはその土地の風土に根ざす音を持っている。

ヨーロッパには、土地の音がするオーケストラがたくさんある。一番有名なのはウィーンフィルだろう。いつも軽やかで幸せな音がする。ウィーンの場合、街がオーケストラを作ったのか、オーケストラが街を作ったのか、はたまたその両方か、という議論も面白い。

九響の特色は、そんな土地の独特のサウンドとリズム感を持っていること。これは日本のオーケストラでは非常に稀な例だと思う。少なくとも、これほど街にぴたっと合う音楽をする楽団を知らない。山笠のように激しく、無骨《ぶこつ》なサウンド。南国のラテン的なリズム感。

その地に根ざした音楽は、一昼夜には作られない。長年かけて作られ、簡単に手にしたくてもできない、かけがえのない宝物なのだ。

地方オケの存続は全国的に、世界的にも厳しい。しかし本物とは時代を超えて、輝きを増していくもの。九響は、世界に誇るオケになれる。

すぎやま先生

今日は作曲家すぎやまこういち先生のお話。先生は「ドラゴンクエスト」というゲームの中で流れる音楽を、三十年にわたって書いている。僕自身、ドラクエファンでもあるが、先生のファンでもあり、とても尊敬する音楽家の一人だ。

ほぼ独学で作曲を学んだそうで、最初の作品は、ファミコンでのリリースだった。ファミコンは家庭用テレビゲーム機のはしりで、まだまだ情報処理能力が低かったため、同時に二つの音しか鳴らせなかった。これでは曲の雰囲気をつくるハーモニーがほとんど作れない。しかも音色はたった一種類だった。

すぎやま先生は一つの音でメロディー、もう一つの音でリズムや副メロディーという風に作曲し、その組み合わせで英雄的であったり、恐怖感をあおったり、信じられないほど多彩な音楽を作った。限られた中で何かを成し遂げることほど難しく、また意義のあることはない。

その後、ゲーム機の性能が上がるのと並行して、先生は作曲技法をレベルアップさせていった。今では十二音技法といって、シェーンベルクという作曲家が発明した非常に難解な技法も取り入れている。

常に進化しながらも、ドラクエ1から最新バージョンまで、その夢のある世界観が一貫するよう、どことなく音楽につながりを持たせてある。ドラクエのロングセラーを支えているのは、この音楽によるところも大きいはずだ。すぎやま先生の音楽を聴いただけで、たちどころにドラクエの世界にいざなわれる。

ゲーム音楽を演奏することは時々あるが、一番人気なのは、やっぱりドラクエシリーズ。お客さんだけでなく、演奏家にも人気だ。演奏していて楽しい。九響は毎年、「ドラゴンクエストコンサート」と銘打ったコンサートを開いている。

先生は、偉大なリーダーでもある。上手に導いていることを、オーケストラに気づかせない。「打楽器隊の銅鑼《どら》の方。最初のゴーンって叩《たた》くところ、よろしくお願いしますね。なんたって、ドラ・ゴン・クエストなもんで」と笑いも取る。御年八十四歳、まだまだお元気でいてください。

非効率の芸術

機械類はもう本当に苦手で、一応パソコンは持っているのだけれど、その機能の百分の一ぐらいしか使っていないと思う。そもそもどういう仕組みで動いているのかわからない代物には、疑問ばかり湧いて、作業にならない。

専門の人に聞いたら「その全体像は、もはや誰にもわからないのだ」と言う。そんなバカな。これが水平分業というやつか。各人、自分が何を作っているかわからずにパーツだけを製造して、最後に組み立てたらiPhoneだった、という話と同じ。これが大変効率的なシステムだとか。

この水平分業という考えは、オーケストラをやっていると、どうにも違和感がある。オーケストラでは各楽器の奏者が各自の楽譜を見て演奏し、ただ一人指揮者だけが全パートが載ったスコアを見てタクトを振り、皆がそれに合わせる。一見、水平分業のようだが、実は各奏者がある程度、ほかのパートも頭に入れて演奏している。そうでないと、本番で何か変化があった時に対応できないからだ。

曲に対してのイメージをなるべく全員で共有し、それぞれのパートが一つ一つの細胞のように機能して、オーケストラという大きな生き物となることが理想なのだ。だから、演奏時間の十倍ぐらいの時間をかけてリハーサルをする。僕たちの作業はとても非効率的だ。その日の演奏者の体調から会場の雰囲気、お客さんの様子まで、演奏の細やかなところに影響する。

効率的にすると、どうなるのか。メトロノーム（通称ドンカマ）を聞きながら演奏すれば、リハーサルなんていらない。つまりコストが十分の一ですむが、これをやってしまうと、もちろん絶妙な「間」のようなものが失われ、演奏の中身としては無味乾燥、ちっとも良いものが出来ない。

芸術はとことん非効率的であるべきかもしれない。よく芸術品には魂が宿ると言うが、芸術性を持たせるにはある種の執念のようなものが、まず必要な感情であることは間違いない。

それにしても……、いかに執念深くクリックし続けても、本日もパソコンは止まる。

ラジオ体操

小学校時代の夏休み、毎日の早朝ラジオ体操は苦手だった。今でもそうだが、そもそも早起きが苦手だから、よほどの動機がないと続かない。出席簿に貼るキャラクターシールを毎朝一枚ずつもらうぐらいでは、モチベーションは保てなかったらしい。

先日、NHKでやっていたテレビ体操を初めてじっくりと見た。レオタードのお姉さんがお手本となって、はきはきとストレッチや体操をやる、おなじみの番組だ。調べてみたら、なんと昭和三十二（一九五七）年から今日まで続いていた。

この番組、全編ピアノの生演奏の伴奏で運動する。続くラジオ体操第二も、もちろん生演奏。あらためて聞いてみてビックリした。体操のお姉さんの動きに合わせて、ピアノ伴奏が微妙にテンポをゆらしている。大きく身体を回すところなんて、速くなったり遅くなったり、伸縮自在。ラジオ体操の伴奏は、大変に音楽的な演奏だったのだ。このテンポの揺らぎに超長寿番組の秘密があるのでは、と思った。

最近、ある研究者と話をする機会があった。音楽と運動をリンクさせ、一連の行動が脳に及ぼす効能を研究しているという。音楽にのって歩いたり、ジャンプしたりして、脳波にどんな変化があるかを調べるのだ。

ある時、生まれつき脳に障がいがある子どもと一緒に、音楽を流しながらトランポリンでジャンプしたそうだ。すると、CDと生演奏では結果に違いが出た。つまりCDの音楽に合わせてジャンプするか、ジャンプに合わせて生演奏の音楽が鳴るかで、効果に大きな差が確認できた。体の動きに合わせて自由にテンポを調節できる生演奏のほうが圧倒的に効果的で、症状の改善も見られたそうだ。

そういえば、指揮者は長命な方が多い。九十三歳で亡くなるまで現役だった朝比奈《あさひな》隆先生なんてその代表だ。自分のタクトの動きに合わせてオーケストラから音が出るわけだから、健康に良いのだろうか。

テレビ体操よろしく、長く続いているものには、それなりに秘密がある。

BGM

行きつけのレストランバーのバーテンダーさんが独立する時、店内の音楽について相談された。どんな音楽がいいものかと。新しい店のＢＧＭのプロデュースとは、面白そうだ。

僕の専門はクラシックなので、そちらよりの選曲になる。とりあえず内装ができたところで見せてもらうことにした。

数カ月して完成の連絡を受け、閑静な住宅街の真ん中にあるバーに向かった。古民家を改造した店内は古い洋館のようで、イマジネーションの湧く素敵な作りだった。直感的に、これは無音が一番いいかもしれないぞ、そしたらゆっくりウイスキーなんか飲めそうだ、シングル・モルトのスコッチなんかを……と思ってしまう。いかんいかん、僕の趣味を押しつけてはいけない。しばらく店内の空気を感じて、やはりクラシックでいこうと決めた。

まずは作曲家ごとに仕分けしてみるか。ベートーヴェンは合わない。メッセージが直球すぎてお酒の味がわからない。ショパンはバッチリ合う。なんせサロンで飲みながら聴いていたんだから。ドビュッシーなんて、自分が飲酒しながら書いていたのだから、合わないわけがない。

ならばモーツァルトはどうだろう？　試しにモーツァルトの音楽をかけながらウイスキーを飲んでみた。むむ、なんだこりゃ。まったく合わない。おかしいな、宮廷の晩餐会《ばんさん》でも演奏されていたはずなのに。音楽が天真爛漫《らんまん》でハッピーすぎて、お酒なんか必要なくなってしまう。ワインなら、なんとかいけるかも。しかもフランス産などでなく、オーストリア産の甘めの白ワインならば。というわけで、モーツァルトは却下。

そうこうしているうちに意外や意外、バッハがウイスキーに合うという大発見をしたところで、酔いが回って急激に上機嫌になってきた。どこまでも奥行きがあるウイスキーの深い味わいは、バッハの音楽と似ている。

バッハをあげると、そのあとの候補は見つからない。ごめんね、今日はこれまでと、好きに飲んだ。

自画像

三年前の春、はじめて自分のソロアルバム「ジークフリート牧歌」をレコーディングした。いつか出さなくてはと思っていたのだが、三十歳を過ぎて、ようやく重い腰を上げた。

信頼できるエンジニアと、山奥の音響の良いホールで、丸三日かけて録《と》った。なかなか大変だったけれど、マイク相手に弾きまくるという、未体験の現場はそれなりに面白かった。ピアノの鬼才、グレン・グールドが録音に傾倒したのもうなずける。

問題はそのあと。何回目に弾いた演奏を収録するのかを決めなくてはならない。まず記憶の新しいうちにと、すぐにその作業を始めたが、時間が経つにつれ、だんだん印象が変わってくる。

どのテイクが良いんだか、悪いんだか。本人もわからなくなるぐらいだから、どれもそう変わりはしないのだろうが。何度も何度も聴きまくっていたら、自分の音を聴くのが心底いやになってしまった。

ピカソの自画像を見たことを思い出した。生涯で十数枚の自画像を描いているが、最晩年に描かれたそれは、かなりインパクトのある絵だった。左右の目は、色も大きさも違って、焦点さえもあっていない。その顔に深く刻まれた皺は、実に強烈だった。近くで見ると無数の線が複雑に衝突している。こんなに自分の内面を直視できるのかと、くぎ付けになったのをよく覚えている。

さらにピカソは、その自画像について「何かを表現できていると思うんだ。今までのものとは、ちょっと違うんだよ」と言った。自らの精神の内側をえぐるような作業の後、客観的にそれを評価できるのは、天才たるゆえんか。己に深く分け入りながら、決して没入しないのだ。

ともかく、生命の誕生と死、そして永遠といった、僕が青年期から考え続けてきた想いとアイデアをすべて詰め込んだCDは、それなりに満足のいくものとなった。

少なくとも、若いヴァイオリニストの一枚目の自画像として残せたと思う。

GEB

「ゲーデル、エッシャー、バッハ(GEB)」という本をご存じだろうか。ダグラス・R・ホフスタッターが書いた分厚い一冊だ。バッハの名に惹かれたのと、ちょうど久石譲さん作曲の

「フェルメール&エッシャー」をレコーディングしていたこともあり、珍しくまじめに読んだ。これがなかなか難しい。数学者ゲーデルの不完全性定理と、エッシャーのだまし絵、バッハのフーガを用いて、自我や心について語っている。どこまでが物質で、どこからが生命なのかを。

本文の最後で、人工知能にチェスを教える場面がある。最近では日本でも人間と将棋・囲碁ソフトの対決が盛り上がっている。将棋や囲碁には詳しくないが、電王戦の投了図は何だか閑散としていて、美しくないな、と思ってしまう。

勝つことを旨としたコンピューターソフトなのだから、別に美しくある必要はないのかもしれない。システムが完全なら負けない。でも、そんな完璧な盤上のゲームが、芸術的な意味を持つことはない。

やはり人間同士の頭脳と心理、そして哲学による熱気がほしい。最終局面を迎えた盤面には、両者から発せられる強烈な気合の火花と、芸術的なきらめきとが見える。

バッハの生きたバロック時代の作曲法には、たくさんの決め事があり、そのシステムの中で音符を配列せねばならなかったのだ。音楽は心から発せられ、心に還る、と言ったバッハは、そのシステムを芸術へと昇華させた。バッハの代表作「音楽の捧《ささ》げ物」中の、無限に上昇するカノン（輪唱）は、一通り奏でられた後、最初に戻りループするというシステムだ。そしてこれが永遠に続く。

人は将棋や音楽のように、システムを芸術に昇華させる力がある。物質と生命の境目の一つは、ここにある。芸術とは人が人たる、生命が生命たるゆえんなのだ。

ラストダンス

百年に一人の天才ダンサーと言われたシルヴィ・ギエムは、昨年（二〇一五年）の大みそかに日本で引退した。ラストダンスの演目は、彼女が最も得意とするコンテンポラリーの名作「ボレロ」。

フランス現代バレエの巨匠、モーリス・ベジャールの振り付けで、ソリストが群舞を誘惑しまくし立て、一人、また一人と熱狂していく。最後はソリスト――つまりこの時はギエム――を中心に群舞は文字通り群がり、最高潮を迎える。音楽と舞踊が一体になって、身体の芯から盛り上がる希有《けう》な作品だ。

僕は幸運なことに、この最終公演の管弦楽に加わった。ダンサーは気難しい人が多く、特にギエムは「マドモワゼル・ノン」と呼ばれるほど、マスコミや撮影を嫌った。ピリピリした現場になるだろうと予想していたものの、薄い紗幕《しゃまく》越し、手を伸ばせば届きそうなところにいた彼女は、とてもリラックスして見えた。静かなオーラをまとい、最後のステージとなる円台の中央に立ち、ボレロのリズムとともに彼女は神話になった。

しなやかな肢体、重力を操るような跳躍。飛び散る汗さえも神懸かっている。アポロンかデュオニュソスか、サロメかアマノウズメか。いや、その全てか。人間が考えようと思っても考えられない次元。群舞を担う若い男のダンサーたちは皆、恍惚《こうこつ》とした表情で、一瞬でも見逃すまいと目を見開いていた。

オーケストラは全身で音楽を彼女にぶつける。そこには安心感と、好奇心と、尊敬とがあるからだ。彼女にはすでに翼が生えているから、音楽で高く高く持ち上げていっても、決して崩れ、壊れてしまうことはないのだ。

弾いている間、ずっと鳥肌がたっていた。これ以上のボレロはないだろう。引退してしまうなんてもったいない、という思いで一音一音を刻んだ。

演者にとっての引退宣言というのは、とても重い決断だったろう。ギエムの表情には、清々しさも見えた。新しい人生に胸躍らせているような彼女の目は、キラキラと遠くを見ていた。

手間ひま

コーヒー豆を挽《ひ》くようになった。ミルを頂戴《ちょうだい》したのを機に、ひと手間かけるようになったのだ。

もう味が全然違う、ような気がする。少なくとも挽いた瞬間の香りは、自分でやってみないと楽しめない。温度調節や蒸らしの作業など、手数と一緒にこだわりが増え、香りとともに期待も膨らむ。かくして愛情を注いだコーヒーは、おいしいに決まっているのだ。

絵画や音楽作品なども、徹底的にこだわったものはそれだけで上質だ。手塩にかけた作品に注がれた愛情は、完成度をさらに上げる。その過程の中で、より愛情が深まっていく。

そんな愛すべき作品を世に投げかける瞬間、芸術家はどんな気持ちだろう。レオナルド・ダ・ヴィンチは、モナリザを含む数点の作品を、死ぬまで手放さなかったという。ずっと描き続けていて、未完とも言える作品だった。作曲家に聞くと、「娘を嫁に出す」感覚らしい。締め切りがある時は、仕方なしにリリースすることもある。しかし、初演で実際鳴っている音を聴いて、第二稿、三稿と手を入れたりもする。

われわれ演奏家は再現者であり、メッセンジャーであるから、無からの創造という前者の仕事とは、本質的に意味が違う。あくまで他人の作品だ。だが死ぬまでに一度でいいから、完璧に満足のいく演奏がしたいと思う。そのために、一生をささげる覚悟を持つ。

僕の師匠である海野義雄先生は、大変厳しい先生だった。遅刻なんてもってのほか、逆に早く来すぎたり、調弦のやり方が違ったりすると「今日は帰りなさい」、なんてことになる。そんな先生がはじめてのレッスンの終わりに、何か質問は？と言った。僕は「先生は何の曲がいちばん好きですか？」と聞いた。先生は少しポカンとされたが、すぐに、「今、練習している曲がいちばん好きだ。先週は、先週練習していた曲がいちばん好きだったよ」と教えてくれた。

今対峙《たいじ》している作品を愛でる、ということ。好きこそ物の上手なれ。愛なくして、身はささげられない。

工房にて

京都北山の金閣寺のほど近くに、小さな弦楽器工房がある。ちょうど大文字焼の真下あたりの、閑静な住宅街。「奥野」と書かれた表札の脇にある十五段ほどの石造りの階段を上ると、二階建ての工房が現れる。

一階部分は材木を寝かしておくスペース、二階が作業場。いつものように二階へ向かうと、「いらっしゃい」とお二人が迎え入れてくれる。奥野晃久さん、剛士さん親子だ。

親方である晃久さんには、僕が中学生のころからお世話になっている。木を愛し、木に愛されている、本物の職人さんだと思う。ある時、部品交換に行くと、ヴァイオリンの駒を新しく削り出してくれた。駒は弦を支え、その振動を胴体に伝える、大切なパーツだ。完成した時、「見てみい、仏さんのような顔した、ええ駒ができたで」と言っていたのが忘れられない。親方と出会わなければ、僕はヴァイオリニストになっていなかったかもしれない。

ご子息の剛士さんは、僕より少し年上のお兄さんで、ベルリンやパリで修業し、今は親方と二人、工房で気を吐く。つまり二代目だ。僕も一家でヴァイオリン弾きなので、なんとなくシンパシーを感じるところも少なくない。ラーメンを食べに行ったり、飲みに行ったり、工房の外でもお付き合いがある。

親方と剛士さん、二人は楽器に対して技術的には考えを共有するが、出来上がりの音が微妙に違う。個性や性格が出るらしい。実際に伝えられる技術は半分ぐらいで、あとは感覚的な部分を、自ら深めていくしかないそうだ。

工房内では「大将！」「タケシ！」と呼び合っている。親子であり、師匠と弟子であり、ライバル心も少しはあるんじゃないだろうか。親父《おやじ》の背中を追い、越えていくことで、感謝を表そうとする子。そう簡単には越えさせまいと、探求し続ける親。

そうしながら、職人としての頑固さと、自分の仕事に対しての誇りが、本当の意味で受け継がれているようだった。

職人技

弦楽器は古ければ古いほど良い音がする、とよく言う。弦楽器はほとんどの部分が木で出来ているので、時が経って木材が変化しながら、音もどんどん変わっていく。

三百年以上も前に作られたストラディバリウスは数億円もするが、もはや芸術品と呼んでいい名器。通称「ストラド」がなぜあんなに人を虜《とりこ》にする音を出せるのか、実はまだよくわかっていない。

ヴァイオリンには四本の弦が張ってあり、常に二五キロほどの圧が楽器にかかっている。小学二年生くらいの子どもが乗っているのと同じことで、三百年も乗っかられたらただじゃすまない。その年月の間に、木はどんどん変化していく。ゆがんだり割れたり、放っておくとすぐに鳴らなくなり、しまいにはバラバラおじゃん。壊れる。これを阻止するのが木のスペシャリスト、修復師と呼ばれる職人たちだ。

一流の職人たちの技術は並大抵ではない。ヴァイオリンは表板、横板、裏板で構成され箱状になっている。ニカワという極めて扱いづらい天然の接着剤でくっついているのだが、表板に亀裂が入ったりすると、ニカワをはがして箱を分解し、裏からパッチを当てる。この時、表板の木の繊維が少なからずはがれ、横板にくっついてしまう。

繊維がはがれた、でこぼこの状態で元の箱状に戻そうとしても、まともにくっつかない。そこで職人は表板をやすりで丁寧に丁寧に、平らに平らに……しない。それをしてしまうと、表板がどんどん薄くなってしまうからだ。

なんと、横板に付着した木の繊維をふやかして、一本一本表板に戻すという気の遠くなる作業をするのだ。箱を開けて閉じるだけで一カ月はかかる。こうして楽器が作られて三百年、誰もそれをさぼらなかった結果、あの音が聴けるのだ。そうすると、数億円も納得できる。

音が豊穣《ほうじょう》になるには、単なる時間の経過だけでなく、どのような時を過ごしたかが肝心だ。

職人たちは今日も音を守っていく。

平和の歌

七月に入り暑くなってきて、さあ夏本番！という時分、毎年香港に向かう。子どもから大人まで年齢も国籍も問わないコンクールが開かれていて、第一回から審査員をしている。

日本香港音楽協会主催のこのコンクールは、尖閣諸島の問題が難しくなりはじめた二〇一一年の夏、日本人の手で始まった。政治の世界は複雑になり、街でデモがあったりしたが、そんな中でも文化交流だけは絶やしてはならないと、現地事務所は作業を進めた。参加者はどの程度集まるのだろうかという心配が募る中、なんとか開催にこぎつけた。

実際には、たくさんの人が受験に来たし、誰も敵意など持っていないし、日本の音楽家たちはとても尊敬されているように感じられた。子どもたちとの記念撮影では、みんな片言で「アリガトウ」と言ってくれた。

クラシック音楽というものは、古くはキリスト教会の庇護《ひご》のもと、神様を賛美し、祈るために作られた。バッハから少し前の時代だ。その後、スポンサーが王侯貴族に移ると、上層階級の娯楽のために作られるようになる。こちらはモーツァルトの時代。

そしてフランス革命後、民衆の手に音楽は渡った。ベートーヴェン以降、シューマン、ドヴォルザークなどは自分の人生への想いのほか、祖国のためにも書いた。愛国心というやつだ。しかし、ある時期、クラシックは悪用された。ファシズム政権のプロパガンダに使われたのだ。ヒトラーがワーグナーの作品を引き合いに、ユダヤ人を迫害したことはよく知られている。その音楽で民衆を異常に興奮させ、扇動した。イスラエルでは、現在でもワーグナーの演奏をすることは簡単ではないが、多くのユダヤ人音楽家によって、少しずつ再評価しようとしている。

バッハ以前にさかのぼろう。音楽というものを人類が発明したあたりの時代、知らない部族と初めて接触する時には、歌を歌いながら近づいたという。それは相手に敵意がないことを示す意味、つまり平和の歌だったそうだ。

バタ丼

母校である東京芸大は、大きく美術学部と音楽学部に分かれていて、校舎も道を一本隔てて別々だ。「同じ校舎だったらもっと交流があって楽しいのに」と思っていたけれど、そのうち両者は本質的に交わらない人種なんだということがわかってきた。

昼休みになると、美校に出かけていく。お目当ては、芸大生なら一度は食したことがある、バタ丼だ。

美校の正門右手には新しくなった芸大美術館があり、その一階部分は学食「おおうら食堂」。かなり昔からあるらしい。バタ丼はおおうらの名物で、木綿豆腐とモヤシを炒め、少し焦がしたバター醤油をからめてご飯に豪快にかける。豆腐は中まで熱々になるよう薄めにスライスされており、モヤシを投入するタイミングが絶妙なのか、シャキシャキ感も楽しめる。

何といっても焦がしバター醤油の香ばしさは抜群で、食欲をそそる。財布に余裕がある時は生卵を落としてもらう。こうなるともうご馳走だ。いかん、食べたくなってきた。よし、食べにいこう。

食べてきた。久しぶりの芸大はかなりハイテク化していた。まず入ってすぐの教務課の前にある、休講などを知らせる掲示板が電光掲示板になっていてビックリ。だが先生方は使いこなせないらしく、相変わらず手書きのメモがべたべた貼ってあった。ハードは変わっても、ソフトはそう変わらないものだな。

さて、肝心のバタ丼の味だが――。……ううん、こんなもんだったかな。いや誤解を与えてしまうといけない、おそらく中身は何も変わっていないだろう。想像はしていたのだけれど、味覚なんていいかげんだ。シチュエーションが違えば味も変わる。記憶も美化されているに違いない。でも人間の記憶がいいかげんなのは、悪いことばかりでもないだろう。

ハードがどんどん高性能化しても、相変わらずそれを使いこなせない、人間の変わらなさ。だがその人間の記憶は、思い出の中でどんどん変化してもいる。

それでも、厨房《ちゅうぼう》のおやじのちょび髭《ひげ》と、おばちゃんの「バタ丼おまちー！」の甲高い声はそのままだった。

（＊おおうら食堂は、二〇二〇年度をもって閉店しました。）

エスプリ

フランスのクラシック音楽は、何だかとてもおしゃれ。どんくさい表現はまずしない。いつでも洗練されているし、核心を突く場面でも、どこか余裕を失わない。

例えばドビュッシーが作った交響詩「海」。大編成のオーケストラを用いて、海のさまざまな変化をドラマチックに描く。映像を音に置き換えようとする発想、壮麗なオーケストレーションと構成。瑞々《みずみず》しいエスプリを感じさせる壮大な音楽は、世界の人々を魅了する。

初めて訪れたパリでカフェに入った時のこと。足の長いギャルソンが、「ムッシュむにゃむにゃ」と、スマートに案内してくれた。眺めのよいオープンテラスの席でメニューを開くと、フランス語しか載っていない。困ったなと思いつつ、目を凝らすと、ステーキ、タルタル、牛という単語がなんとか解読できた。腹ぺこの僕は頭の中で、「ビーフステーキのタルタルソースがけ」と即、変換した。

注文を受けたギャルソンはちょっといぶかしげ。「ムッシュ、一人で？　むにゃむにゃ、〇

K？　むにゃむにゃ」。何を言っているのか。「大丈夫、大丈夫、腹ぺこ、それとエスプレッソも持ってきてちょーだいよ」と、身ぶり手ぶりで伝えると、ギャルソンは一瞬固まって厨房に向かった。

しばらくして、彼はさっそうと料理を運んできた。僕は目が点になり、自分の間違いに気づいた。直径一五センチ、厚み三センチほどの大きな生肉のかたまりの上に生卵の黄身。これは……ユッケ？　三～四人でシェアする量だ。付け合わせがカラフルで、お皿の豊かな色彩が、余計に悲しみを増す。

ギャルソンの彼はテーブルにユッケを置いた後も、ニコニコしてしばらく離れようとしない。フランス料理は味はもちろん、香り、見た目など総合的な料理だと聞く。なるほど給仕もしかり。こんな場面においても、洗練された美意識にもとづく応対を崩さない。これがエスプリの一端か？

彼がそこに留まった理由を察し、つられてさりげなく赤ワインを頼んだ。「ウィ、ムッシュ！」。彼は満足そうに長い足でワインをとりに行った。

ゾーン

一流のスポーツ選手や芸術家は、極度の集中をすると「ゾーン」と言われる感覚世界に入る。

音楽家にとってもこの時間は特別で、世界の全て、特に自然とつながっているような快感がある。

スポーツ選手がゾーンに入ると、球が止まって見えたり、対戦相手の次の動きが手に取るようにわかったりするらしい。われわれ音楽家は、どんなに大勢で演奏していても、全ての音がクリアに聴こえてくるばかりか、共演している奏者の心理状態までハッキリ感じとれるようになる。感覚が異常に冴えるのだ。

二〇一四年、ウィンブルドンの決勝戦でのこと。その激闘は、芝の激しい消耗ぶりにも現れたといわれる。伝統のセンターコートで戦ったのは、フェデラーとジョコビッチ。芝上では驚異的な強さを見せるフェデラーをジョコビッチが追い詰め、フルセットの第十ゲームでチャンピオントロフィーをつかんだ。

最後のセットで、ポイントごとにジョコビッチは少し雲の浮かぶ青空を仰いだ。天と自分とがつながっていることを確認しているかのように。そして勝利の後、センターコートの芝をひとつまみ、口に含んだ。

ベートーヴェンという作曲家は、精神の世界を音楽にした。交響曲第五番、通称「運命」は、その最たるものだ。非常にシンプルな素材を徹底的に積み上げ、苦悩の末、歓喜に至るプロセスを音楽で表現した。

そのストイックな創作は、スポーツ選手がこれでもかと己を追い込むトレーニングと似ている。自己否定、自己肯定、自己増殖、自己啓発。どこまでも自分を見つめた作曲家は、先人が成し得なかった境地に踏み込んだ。

そんなベートーヴェンが「運命」の後に書いたのが、交響曲第六番「田園」だ。自己の精神世界を問い詰める音楽を書いた後に行き着いた境地は「自然」だった。

どこまでも美しく、厳しく、そして光に満ちあふれる自然。己の精神の内をのぞき見た後、ベートーヴェンは自然の一部としての自分を見いだしたのではないだろうか。

センタリング

コンサートのために何度もリハーサルを重ね、いざ本番！となると、力が入ったり、逆に入らなかったり、緊張して自分の体をコントロールできなくなってしまう。そうならないために「センタリング」という作業をする。

本番に入る前、自分のモチベーションを、いつものちょうど良いところ、つまり心の中心に据え直すのだ。

しっぽの切れた動物は、急に行動が変わる。しっぽで取っていたバランスがおかしくなり、体の中心がわからなくなってしまうらしい。すると心のバランスも崩れ、食欲がなくなったり、繁殖しなくなったりするのだそうだ。心の中心がわからなくなると、自分が何者かすら見失ってしまう。

ベートーヴェンは交響曲第九番、いわゆる「第九」で自由を謳《うた》った。ベートーヴェンが生きた時代は、革命の時代だった。フランス革命後、自由を手に入れた民衆は、一時、自分が何者かを見失った。自由と無法とを取り違えた社会は、あらゆる欲望が渦巻き、大混乱を招いた。革命後も、たくさんの人々が困難に直面したに違いない。ベートーヴェンは音楽で世界に語りかけた。「真の自由とは、個々人の心の内の規律によってもたらされる」と。

現代は、真に自由な世界だろうか。コンピューターというものが現れてからなのか、世界はものすごいスピードで変化し、心の徳がついていけていない。つまり心の中心が定まりづらい。定まる前に、次の新しいテクノロジーが生まれるからであろうか。テクノロジーはいつだって諸刃の刃《やいば》だ。つまり、人は知恵を使い社会を発展させるが、その知恵によって危機にさらされる。

コンサート前の心のセンタリングは、おへその少し下のおなかの内側、丹田《たんでん》と呼ばれる体の重心点を意識する。肉体の中心を感じて、ゆっくりと呼吸する。たっぷり吸って、たっぷり吐く。こんな簡単なことが、意外にできなかったりするものだ。

身体の中心が定まれば、心の中心が定まる。さあ、今日も背筋を伸ばして。

凧揚げ

小学校の工作の時間で、凧《たこ》を作ったことがあった。不器用な僕にしては、きっちりと仕上がって、最後にペンギンの絵を描いて完成させた。たしかペンギンだって空を飛びたかろう、と思って描いたのだった。

田舎の広い広い空に舞い上がると、たちまち天高く昇ってゆき、ペンギンは判別できなくなった。手元を見ると、もう凧糸も残り少ない。ピンと張った糸を巻き戻そうとするが、空気はことのほか重く、このまま切れてしまうのではと肝をつぶした。糸が切れてしまったら、それはもう凧ではなくなってしまうからだ。この緊張感のある巻き取り作業は凧揚げの醍醐味《だいごみ》だ。

コンサートでも、手が震えるような緊張感を楽しめるようになってきた。もちろん、怖い！と思う瞬間もあるのだけれど、そういうストレスは演奏に必要だ。オーケストラの演奏だって、譲り合った末の快適なアンサンブルは、整ってはいるものの、つまらない。スケールが小さくなってしまい、大空を翔《かけ》る風のような音には決してならないのだ。

生き物は、快適な環境を求める本能がある。人間も同じだろう。そんな本能を逆手にとって、無駄にテクノロジーを駆使して、無駄に資源を使って活動している気がしてならない。そうして資源を奪い合うのは、何だか愚かだなと思ってしまう。与えられた快適さばかりに安住するのは、舞い上がろうとしない凧か、または糸の切れたそれか。

緊張していないと、表現が鉛のように鈍くなる。ちょうど凧糸と同じく、ピンと張りつめることで感性はよく働き、響いてくる。だいたいヴァイオリンの弦だって、ピンと張ってあるからいい音がするのだ。ストレスから逃げたくなるのが人間だが、それだけでは事は成らないし、琴も鳴らないというわけ。

その後、ペンギン凧は、三度目のフライトであえなく木に引っかかった。少し悲しい気持ちになったが、また作って飛ばせばいいと思った。

木よりも高く、天まで高く。しっかりと糸をたぐり寄せて。

楽器リレー

オーケストラの演奏会ではバケツリレーならぬ、楽器リレーが展開されることがある。

弦楽器の弦は湿度や温度の影響を受けやすく、本番中に切れることも珍しくない。切れると演奏不可能なので弦を張り替えるのだが、真ん中の方に座っている奏者は、舞台袖に戻るのに距離がある。演奏中にノコノコ帰ったら目立ってしょうがない。そこで楽器リレーが行われ、順繰りに回っていき、一番後ろの奏者が舞台袖に戻って張り替えることになる。

かつて「悪魔の化身か」と呼ばれるほどの超絶技巧で一世を風靡《ふうび》したパガニーニ。演奏中にやはり弦が切れてしまった。ソロリサイタルだったため楽器を交換する相手もいない。結局パガニーニは、残った三本の弦で最後まで弾ききったという逸話は有名だ。実はわざと切れるよう細工していたのでは、なんて説もある。

二十世紀ヴァイオリン界の巨匠、アイザック・スターンは、ブラームスのヴァイオリン協奏曲で定評があった。スターンは三楽章になると、よく弦を切った。すかさずコンサートマスターの楽器と交換して続きを弾くわけだが、スターンの楽器は、それはもう目玉が飛び出るほどの名器で、交換した後は、どうしてもスケールダウンしてしまう。

そこでスターンは、同じぐらいの名器をもう一つ手に入れた。ウン億円の楽器二挺《ちょう》を持ち歩き、一つをコンサートマスターに貸し出すわけだ。そして弦が切れるとすかさずコンマスと交換し、名演を続ける。お客さんはどちらもスターンの楽器だなんて知らないから、「他人のヴァイオリンであそこまでの演奏をするとは！」と称賛を惜しまない。

パフォーマンスかもしれないし、お金で解決できるリスクなら当然するという、芸術家としての哲学かもしれない。ちなみに、往年のN響のコンマス、田中千香士先生は、スターンから同様に楽器を貸し与えられた時、「その弓も貸せ」と一本ウン千万円の弓まで拝借した。スターンも少しばかり渋ったようだが、押し切った。ホントかウソか、先生は、スターンより良い音が出た、とおっしゃっていた。

羅針盤

芸大を卒業して十数年。今度は教える側にまわることになった。社会人になってから上野にある大学の門は遠く、あまり踏み入る機会がなかった。久しぶりの校舎に懐かしい記憶をよみがえらせ、また違って見える風景に新鮮さも感じている。

練習室とレッスン室が並ぶ廊下の先には「憩い」と呼ばれるスペースがあり、学生たちがたむろしている。当たり前だが、みんな若い。自らの年齢を再認識し、しばらく彼らを観察してみた。

想像した通り、僕が現役だったころと学生の雰囲気が違う。簡単に言うと、なんだか余裕がある。少し物足りない感は否めないが、ギラギラした輩は今どき流行《はや》らないのだろう。手持ちのスマホで物も情報もコミュニティーさえも、全て手に入る彼らは、いつでもクールに、効率的に考える。

「ここはもっと雄大に弾いてみて」「先生、どうしたらそう弾けますか？」。レッスンでもすぐに答えを求めてくる学生には、少し話をしなくてはならない。物は安く早く手元に届くけれど、情報は知識にはならないし、その仮想コミュニティーには本来のコミュニケーションはない。

僕が学生時代は本当にちゃらんぽらんだった。授業は出ないし、朝まで飲んでそのままレッスンに行くし（先生ごめんなさい）。何も考えず勘だけで生きていたおかげで、後々何かと苦労し、解決の糸口を見つけられず、悩んだ。一番は人前で弾くのが怖くなった時期が続いたことだろう。自業自得だ。

師匠の言葉を思い出した。「人を幸せにするために弾きなさい」。ありきたりの言葉かもしれないが、正面からそう言われ、心に一つの礎を感じたのを覚えている。人を幸せにする音楽をやりたかったら、まず自分が幸せになること。そのためには自分と向き合わなくてはならない。心の奥へと旅を続ける中で、偉大な師匠は道を指し示してくれる羅針盤だった。気づけばいつでも、あくまで静かに。

さて、若い彼らはどんな風に悩むのかな。

命の音

ある古都の中心地から車で小一時間、山奥にある重度心身障がい児の病院に演奏に行っている。事故に遭い昏睡《こんすい》状態になってしまった子、生まれてから一度も目を覚ますことなく、ずっとベッドにいる子。たくさんの子どもたちが入院している。

音楽が始まると、楽しくなって歌い出してくれるから、にぎやかだ。比較的障がいの軽い子は車いすで集まってくる。もう少し重い障がいがある子たちはベッドを運んできて、寝たまま聴いてもらう。こちらはあまり反応ができない子が多いので、静かだ。それから、呼吸や食事にたくさんの科学的な助けを必要とする子たち。こちらからベッドの脇に行って演奏する。

ここでは必ず「ハッピーバースデー」を演奏することにしている。コンサートの日に、入院している子どもたち全員の誕生をお祝いするためだ。病院を最初に訪れた時、たまたま誕生日だった子のために演奏したのがきっかけだった。その子のお母さんは「生きていて、よかった」と涙を流した。

最愛の子は意識があるのかさえ、よくわからない。いつ容体が急変してしまうかもわからない。産んでよかったのか……。絶望の中で母親自らが命を絶とうとしたこともあったそうだ。その言葉は、自分が、そしてこの子が生きていてよかった、という意味だった。

再会できる子もたくさんいるが、お別れしなくてはいけなくなった子もまたいる。もしかしたら、この子にとって最後に聴く音楽になるかもしれないと思うと、演奏しながら特別な気持ちになる。

そして約束する。今日、君たちからもらったエネルギーを、コンサートホールで必ず形にすると。印象的な目の光を、強い意志の息吹を、音にのせて奏でると。だから、想いを馳《は》せてほしい。

音楽にのって、君たちの命が世界中を飛び回るんだよ。彼らからもらった力は、そのまま音の力につながる。

フィンガルの洞窟

スコットランドの西岸にオーバンという小さな港町がある。スコッチウイスキーが好きな人は、ああ、あの有名なObanかとピンとくるかもしれない。スコットランドにはたくさんのウイスキー蒸留所があり、このオーバンでも素晴らしいものが造られている。「OBAN14」はバランスが良くて、僕がいちばん好きなスコッチだ。

港町オーバンから海をわたって西にマル島があり、さらに島の西の果ての、そのまた先、北海の荒波にさらされる無人島に「フィンガルの洞窟」という海食洞がある。十九世紀、ドイツの作曲家メンデルスゾーンは、このフィンガルの洞窟を訪れた。当時は大変なアドヴェンチャーであっただろう。そして、その神秘的な光景に霊感を得て、演奏会用序曲「フィンガルの洞窟」を作曲した。

以前、東京フィルでこの曲を演奏したことがある。指揮は、楽団理事長だった大賀典雄先生（あえて先生と呼ばせていただく）。先生はソニーの創業期に関わった実業家、経営者として知られるが、声楽家や指揮者でもあった。あのカラヤンとも親交があり、大指揮者とともに当時開発中だったＣＤの収録可能時間を、ベートーヴェンの「第九」が全部入る七十二分で規格化しよう、と決めた。

たくさんの哲学を大賀先生から学んだが、特に覚えているのが、「フィンガルの洞窟」のリハーサル中の話だ。驚くべきことに、先生はヘリコプターをチャーターして、実際にこの洞窟を見に行かれたという。おそらく、曲と深くつながるためであろう。

かなり辺鄙《へんぴ》な場所にある洞窟だが、そこまでするとは。オーケストラメンバーから「お金持ちだなぁ」なんて声も一部上がったが、いやいや、なんと良いお金の使い方だろう。「意外と小さな洞窟だった」なんておっしゃっていたけれど、先生は多くを感じられたに違いない。

静かに先生のタクトが下ろされると、雄大で、自然の驚異と人の祈りを感じさせられる、希有な演奏となった。

アリとキリギリス

アリとキリギリスというイソップ寓話《ぐうわ》をご存じだろう。がんばって働いて無事に冬を越すアリと、ヴァイオリンばかり弾いて蓄えもできず、アリから食べ物を分けてもらおうとするが、拒否されて凍死してしまうキリギリス。アレンジによっては、最終的にアリから分けてもらうというラストもあるが、オリジナルは前者だ。

「将来のために、準備をしておきなさい」という、至極まっとうなお話だけれど、ヴァイオリン弾きとしては、キリギリスが可哀想でならない。

アリも働きながら、きっとキリギリスのヴァイオリンを聴いていたに違いない。餌を運ぶという単純作業の中、生演奏は安らぎをくれたはず。働きアリたちの過酷な労働ストレスを緩和し、感動を共有することでチームワークを高め、生産力のアップにつながったのではないか。キリギリスは、きっとただ遊んでいたわけではないはずだ。

——昔むかし、キリギリスは思いました。「アリのように力持ちでない自分の取り柄は、ヴァイオリンが弾けることだけ。でも知っているんだ。音楽でアリたちがこっそりと感動していることを」。キリギリスは一心不乱に弾きました。お腹も空くけれど、それでも弾くことを止めません。そう、彼は本物の音楽家だったのです。

弾くことでしか自分を表現できない、哀れな、でも尊いキリギリス。冬を迎え、寒空の下のキリギリスはそれでも幸せでした。「ああ、音楽家として生きて、音楽家として死ねる」。最期にキリギリスは、初めて自分のためだけに一曲弾き、ヴァイオリンを置きました。

そして春になり、すべてが芽吹き、新しい命がたくさん生まれました。

おや？　どこからか、ヴァイオリンの音がします。あのキリギリスに楽器を託された彼の友人でした。深く、美しい音色でした。魂は受け継がれ、楽しくも哀しくもある音楽が、また奏でられるのです。

これまで長い間、あのキリギリスのもっともっと前から、ずっとそうされてきたように。おしまい。

お題1

題名やニックネームの付いたクラシック曲は結構たくさんある。しかもカッコいい。ベートーヴェンの「運命」、チャイコフスキーの「悲愴」、ドヴォルザークの「新世界より」、ベルクの「ある天使の思い出の為に」などなど。思わせぶりで、何かを想像させる。

逆に、何を想像していいのかわからない題名もある。ハイドンの交響曲第五十五番「校長先生」、同八十八番「V字」。シューベルトの有名なピアノ五重奏曲「ます」は、お魚の鱒《ます》のことだが、これはシューベルトの歌曲に鱒という曲があって、そこからメロディーを取ったから。

あるコンサートで司会のお姉さん、鱒の読みがわからず、「続きましての曲は、シューベルト作曲……?　し…しゃけ…?」。惜しい！　演奏者全員ずっこけた。

話が逸《そ》れた。曲の題名、ニックネームは標題、副題と呼ばれる。作曲家自身が付けたものもあるが、前述のベートーヴェンの交響曲第五番「運命」など、別人が付けた例もある。本人の命名ではないが、曲の本質をつかむ助けになる非常に良い副題だ。ただし、この副題が通じるのは日本だけ。海外ではそのままベートーヴェンの交響曲第五番と呼ばれる。日本人は副題が好きらしい。

ドヴォルザークの交響曲第八番もそう。ある時誰かが「イギリス」と名付け、チラシに載せた。イギリス風に紳士的で紅茶が飲みたくなるような曲、だからではない。チェコ（ドヴォルザークの故郷）が香る、哀愁に満ちた素晴らしい名作だ。最初にイギリスで出版されたため「イギリス」と無理やり名付けた。曲の中身とは全く関係ない。

副題があるとチケットが売れるらしい。「イギリス」も、いつもより売れたそうだ。無銘の名刀は売れぬのか、名が付くと安心するのか。自らの判断能力に自信がないと、ちょっとしたトリックに引っ掛かる。

かく言う僕も、「今世紀五本の指に入る出来」とうたったボジョレ・ヌーボーに手が出た。しまった、まだ二十一世紀も十数年じゃないか。

お題2

クラシックの曲は題名が覚えにくい。たいてい○○作曲、交響曲第△番、ロ短調、op.157……などと続く。実に覚えにくい。こういう場合、作曲者と何番かを覚えればよい。省略するとさらに覚えやすい。

例えば、ブラームスの交響曲第一番ならブライチ。ショスタコーヴィッチの交響曲第五番ならばタコゴ。逆に、一度聴いたら忘れられない題名の曲もある。完全な独断と偏見で、その中でも珠玉の？ 珍名ベスト5をランキング形式で紹介しよう。

第五位、サミュエル・バーバー「悪口学校」。アメリカの作曲家、バーバーによる演奏会用序曲。R・B・シェリダンの同名の戯曲から発想を得る。この曲をきっかけに、コロンビア大学よりバーンズ賞を授与される。

第四位、フランツ・ヨーゼフ・ハイドン「太鼓連打」。〝交響曲の父〟としてお馴染みのハイドン。太鼓連打は交響曲第一〇三番で、文字通り太鼓が連打される曲。ハイドン作の中では「ビックリ交響曲」や「うかつ者交響曲」をおさえ、堂々のランクイン。

第三位、エリック・サティ「犬のためのぶよぶよした前奏曲」。演奏時間五分足らずのピアノ曲。題名によって曲を判断する者へのアンチテーゼ的な曲。内容はぶよぶよしていない。短いながら、しっかりとした曲想。

第二位、エリック・サティ「真《しん》・犬のためのぶよぶよした前奏曲」。前作が出版社から受け入れられなかったため、あらたに作曲した。前作の精神を踏襲しつつも「本当の」と念押しする「真」の文字を冠する。しかし、やはりぶよぶよしていない清冽《せいれつ》なピアノ曲。

そして第一位は、マラン・マレー「膀胱《ぼうこう》結石手術図」。フランス・バロックの作曲家、マレーの代表作だ。当時は麻酔などなく、命がけだった膀胱結石の手術。その様子をナレーション付きの音楽で表現した、手に汗握る奇曲。作曲者自身の実体験によるから、表現は切実である。

やはりマレーが栄光の第一位。殿堂入りは確実か。あなたも、お気に入りを見つけて楽しんでみては？

仏像

仏像を見に行くのが好きだ。お気に入りは、奈良・興福寺の木造千手観音菩薩《ぼさつ》立像。五メートルを超える大きな観音様は、有名な阿修羅《あしゅら》像を見下ろす姿でおいでになる。時々暇を見つけてはお顔を拝見しに行くが、不思議なことに、仏様の顔は、いつも違う顔をしている。最初に見た時は、全てを見透かされているようで、少し恐ろしかった。二度目は、なんだか温かく迎え入れてくれているように見えた。仏像を眺める時は、自分の心を眺めているのかもしれない。

似たようなことを、自分の楽器に感じることがある。日によって形や色が違うのだ。赤っぽかったり、黄色っぽかったり。ボディーラインも、華奢《きゃしゃ》に見えたり、たくましく見えたり。これも持ち主の心持ちによるのだろう。もちろん出てくる音だって毎日違う。いつもその日の最初の調弦は、ご機嫌伺いだ。

ヴァイオリニストにとって、楽器は自分の分身みたいな感覚だ。ちょっとしたことで傷がついてしまったりすると、本当に悲しい気分になる。ある時、リハーサル後に遠出をしなくてはならない日があった。次の日も同じ会場でリハーサルだったので、そのまま楽器を置いていった。すると翌日、なんと弦が一本切れていたのだ。悪いことをしたなあ、と反省した。

余談だが、楽器の値段を聞かれると、非常に複雑な気持ちになる。あなたの子どもはいくら？と聞かれているようなものだ。まあ、ほぼ毎回聞かれることなので慣れてしまったが。仏像と楽器。ひもといていくと、「主観と客観」ということになるのだろうか。演奏家は音速を超えて移動しない限り、自分が出した音を客席で聴けない。だから余計に自分を客観視しようと心がける。一〇〇％ではないにしろ、どうにか自分を捉えるべく、何かに自分を投影する。あとはそれを受け入れる素直さがいる。素直じゃないと仏像も楽器も、何も語りかけてこない。

さて、そろそろ練習しようか。今日のご機嫌はいかがかな？

寄り道

毎日の駅からの帰り、いつもとは違う道を歩いたりすると、新しい発見がある。店構えからしておいしそうな珈琲店や、ほそぼそとやっている古本屋。何でもない夕暮れが急に輝きを増す。

最近の楽譜は進化して、楽譜をそろえるための手間がいらなくなった。著作権の切れたほとんどの作品はインターネット上に転がっていて、簡単にダウンロードできる。タブレット端末をそのまま譜面台に乗せて弾く人もいて、譜めくりもシュッとスライドさせる。重い楽譜を持ち歩く必要もない。共演者に送付するのも、スキャンしてメールに添付、で終わる。

さて、そんな現代に手書きで写譜することになった。どうしても演奏したい曲があったのだが、手元には全パートが載ったスコアしかなくて、自分でパート別の譜面を作ることになった。最初はいつものように、スコアをコピーして切り貼りして作ろうかと思ったが、今回は何となしに写譜することにした。

机に向かい、久しぶりに鉛筆削りを手に取る。濃い目の鉛筆をとがらせ、少し緊張しながら五線紙にオタマジャクシを写し始めた。やはりものすごく時間がかかる。そしてぎこちない。オタマジャクシのタマの部分が妙に大きくなったり、寸法が合わなかったり。奏者は楽譜を映像でパッと捉えて演奏するので、記号として洗練されていないと、読みづらくって弾けたもんじゃない。

これは感覚的にダメ、あれは生理的にイヤ、とかやっているうちに頭を使うようになり、途中から作業が楽しくなってきた。手を動かすと、音楽が自然と頭に入ってくるので、写譜を終えるころには全パートを覚えてしまった。

そして何より、演奏に違いが出た。共演者も、この曲だけは近藤の熱が違う、と口をそろえた。ヒリヒリと絞り出す感じではなく、大きく包み込むように、しかし強烈にメッセージが伝わっていく。作曲家と一体になった感覚。鉛筆削りからの長い道のりが、いとおしく思えてくる。さあ、今日も寄り道して帰ろう。

現代音楽

クラシック音楽というのは、西洋の伝統芸能で、古い音楽だと思われがちだ。これは半分正しい。しかしクラシックは、決して模倣の音楽ではない。先人たちの真似をせず、常に新しい表現を模索し続けてきた歴史の蓄積でもある。

いかにモーツァルトやブラームスが素晴らしいからって、同じような曲を書くことは、実はクラシックの精神に反する。その時代にあって最先端の音楽、つまりそれぞれの時代の「現代曲」が脈々と生み出されて今日まで発展してきたし、未来に続くわけだ。

この「現代曲」、もちろん今の時代にもある。一聴すると、キテレツでへんてこりんだ。ピー！とかピャー！なんて音がならぶ。演奏している僕らだって、容易には理解できない。

ある現代曲の楽譜に、「ここでオーケストラ奏者は、ぶつぶつ何かをつぶやく。内容は奏者にまかせる」と書いてあった。ふむ。隣の先輩は「この曲の意味がわからない。早く帰りたい……なう」とつぶやいた。東京オペラシティでの本番中だ。危うく噴き出しかけたが、楽譜には笑えと書いていなかったので、なんとか我慢した。

それは音楽なの？と思われるかもしれないが、パリコレみたいなファッションショーを思い出してもらったらいい。あれを着て、外には出られないなぁ、というのが素直な感想であろう。

だが、よくよく考えてみると、史上初めてミニスカートが発表された時だって、さまざまな論争が起こった。

今では普通どころか、ブームは一周も二周もして、シャネル・レングスもミニスカートもごちゃごちゃだ。なぜデザインしたかなんて、みんな忘れているぐらい社会に溶け込んでいる。ちなみにファッションショーで発表された奇抜な服は、素材や色などが何年後かに市場に反映されるらしい。

時代の先端をいくというのは、容易なことではないが、誰かが道を切り拓いていかないことには、人間は、芸術は進化しない。

マリアージュ

赤ワインとブルーチーズ、ブラックのコーヒーとダークチョコレート。どちらも抜群の相性の良さ、いわゆるマリアージュ。

食べ物と飲み物でなくても、葉巻とブランデー、小説とソファ、なんてのも合う。楽器のマリアージュだってある。

ヴァイオリンなどの弦楽器とピアノは、最高の取り合わせだ。ヴァイオリン・ソナタ、チェロ・ソナタはたくさん作曲された。変わったところでは、フルートとハープの取り合わせ。優しい音色のフルートに、指で弦を弾いて音を出す撥《はっ》弦楽器のハープは、お互いの欠点を補い合いながら絡んでいく。

オーケストラでの演奏になると、スタンダードな編成でも十三〜十五種類、多い時には五十種類くらいもの楽器を使うので、その組み合わせは無限だ。一回のコンサートで、刻々と、玉虫色のように変わる音色を楽しめる。

作曲家によっても得意な組み合わせがある。ドヴォルザークなんかは、オーボエとフルートに全く同じ旋律を同時に吹かせるように作曲した。するとオーボエの哀愁ある音色の周りを、フルートの暖かい音色が包み込み、美味しいアルデンテのパスタみたいな音になる。

音を混ぜる時に大切なのは、相手の音をよく聴いたうえで、さらに自分の音楽を存分に発すること。全体の音をイメージしつつ、互いが思いっきりアピールした音をぶつからせ、その時にしか成し得ない、新しい音色を生み出さないといけない。

日本人は目の色も肌の色もだいたい同じで、どちらかというと、変わったものをできるだけ排除しようとする傾向がある。出る杭《くい》は打たれやすく、空気を読まない者は敬遠される。結果、よくまとまりはするが、新しい息吹はなかなか生まれにくい。

違いを恐れずにぶつかり、互いに認め合う。雨降って地固まるというやつだ。ちなみに、雨の日には、しっとりとショパンの調べが合う。

花

学生時代のある日、大学の練習室で行き詰まっていた。「自分はヴァイオリンをやる意味があるんだろうか」なんて、実にしょうもないことを思っていた。そういう余計な事を考えていたら上達しない。

その時、ふと窓の外に目をやると、いつもの中庭に、いつものイチョウの木が見えた。ただそこに生え、枝を懸命に伸ばしたフォルムは完璧に美しく、夕映えも手伝って、とても印象的だった。

美の法則とでも言うべきフィボナッチ数列と黄金比は、自然界のあらゆるところで発見される。枝の伸び方や渦巻き貝の成長の仕方、バラの花びら。美術品や建築にも見られ、人が美しいと感じるものには、黄金比が関係していることが多いそうだ。

もちろんクラシック音楽にも使われる。曲全体の構成で、一番印象的な部分に黄金分割を持ってきたり。多くの作曲家は、本能的に美しい構成を知っている。

数学オタクだったというバッハや、ハンガリーの作曲家バルトークなどは、もはや意識的にフィボナッチ数列を使っている。バルトークが数列を取り入れたのは東ヨーロッパの民謡を研究した結果、というのも興味深い。

フィボナッチさん、ものすごい法則を発見したものだが、もちろん木やバラが、そんな計算をしているわけもなく。ただ、ひたむきに生きた結果、効率よく光合成ができる枝の伸び方をし、受粉する確率を上げるために花を咲かせた。

演奏家はどうか。僕らは舞台人として、ステージで音楽という花を咲かせるが、それは舞台の華として、文字通り、昇華される。だけれど、懸命に、ひたむきに演奏しないと、咲くことはないだろうし、そうしていれば、いつか咲くこともあるだろう。

花が美しいのは、ひたむきに咲くから。リュウゼツランなんて数十年に一度だけ花を付け、枯れる。音楽と同じように刹那的だし、咲くまでも、咲いた後も孤独だ。

それでも、いや、だから花から華へとなり、人の心に残りたいと思う。

プーランクとカミュ

フランシス・プーランク。一八九九年に生まれた、近代フランス音楽の奇才だ。作品群はウイットに富み、そのハーモニーは無限の色彩を感じさせる。独特の構成力があり、天才的な洒《しゃ》落《れ》者の風を漂わせる。

プーランクは、ヴァイオリンとピアノのためのソナタを一曲書いている。副題を「ガルシア・ロルカの思い出」といい、プーランクと親交があったスペインの詩人が、内戦で突然命を落とした数年後に書かれた。

　この曲を勉強した時、なぜかカミュの「異邦人」を思い出し、直感的に似ていると思った。異邦人とこのソナタは、表現としてはまるで違う。むしろ真逆かもしれない。

「異邦人」では、主人公ムルソーが母を亡くした次の日に、旧知の女性と情事を重ね、その後、殺人を犯す。冷徹で非人間的と糾弾された裁判の最後では、殺人の理由を「太陽が眩《まぶ》しかったから」と答える。

　プーランクとロルカは特別な関係だったかもしれない。ソナタの二楽章はロルカの詩「ギターは、夢に涙を流させる」を引用した、美しい、美しい曲。最終楽章の終わりで、突然銃弾を受け死んでしまう描写の後、こと切れるように曲は閉じる。

　作品の本質を語るつもりはないが、「死と太陽」というキーワードは「不条理と自由」というテーマを思わせる。そうすると、僕が「異邦人」の「太陽が眩しかったから」の一文と、プーランクの曲で「これで終わってしまうの？」という、ソナタの最後の一音、両者を直感的に似ていると感じたのは、何だったのか。

　カミュはあえて幸福な死という言葉を使ったが、眩しかったから人の命を奪うなんて、はっきり言ってメチャクチャだ。一方、やはりメチャクチャな理由で撃たれた詩人を偲ぶ芸術作品は、詩人の死をなくしては創られなかったかもしれない。

　どちらもとても悲しい作品だが、死を見つめないことには生きられない。一見正反対の幕切れだが、二つの作品は心の中で交差し、同じ色調で響いてくる。

かくれんぼ

新宿の歌舞伎町一丁目、夜な夜な通るには少し危ないかな？と思わせる一角を抜け、すえた臭いが漂う道のさらに奥深くへ。薄暗い路地の一番奥にＢＡＲ「かくれんぼ」はある。

黒い板の扉をギィッと開けると、かなり急な十三段の階段が続く。暗く狭い中を上り切り、二枚目の黒扉をくぐると、いつものように白いシャツに黒いベスト、蝶《ちょう》ネクタイで丸顔のマスターが出迎えてくれる。

「いらっしゃい」

今年十二年目になるお店は何も変わらない。変化と言えば雨漏りのため窓をつぶしたぐらいか。いつも変わらず、空いている。立地が悪すぎるのだ。建物としては六十年以上経過しているらしく、端《はた》から見ると異常な怪しさがある。まず一枚目の扉を開けるのに勇気がいるし、自力で二枚目の扉を開けるような人はほとんどいない。

とはいえ、僕はいつものジントニックを頼む。氷の種類、薄いグラス、ジンの量は少し多め、暑い日はライムのスライスがいつもより厚い。完璧だ。

そんなある日、店に入ると目を疑った。マスターがアロハシャツを着ている。照明は暗めで、基本的にBGMもないカウンターだけのお店にアロハが馴染むわけがない。こっちも所在なくなって、早々に引き上げた。次に行った時には蝶ネクタイに戻していたので聞くと、「あまりにお客が来なくて」と言う。端に座っていた常連の女性客が言った。

「マスター、ダメダメ。倒れるなら前向きよ。おでこから行きな」

なるほど、音楽も同じようなところがある。本番、弱気になると、どんどん消極的になっていってしまう。ミスをしないよう守りに入るようになるのだ。たしかに失敗はしないかもしれないが、それは音楽として面白くない。これを表現したいんだ、という強い気持ちが、人の心を開く。するとそこに音楽の芯みたいなものが入り込んでいくのだ。

名指揮者ブロムシュテットは言った。「ノー・リスク、ノー・ミュージック」。倒れるなら前だ。おっ、帰りの急な階段は前向きに倒れないようにしないと。

自由、しかし喜び

ドイツの作曲家ブラームスは、「自由、しかし喜び」という不思議な言葉を残した。「自由で喜ばしい」ならばわかりやすいのだけれど、自由と喜びが逆接で結ばれている。言葉の奥深さに、何か惹かれる。

この言葉には元ネタがある。ブラームスをヨーロッパ楽壇に紹介した先輩作曲家のシューマンたちがモットーにしていた「自由、しかし孤独」だ。なるほど、なんとなくわかる。自由であることと孤独であることのどちらを選ぶか、日常でもよくある話だ。ブラームスはこれをもじった。

彼らが生きた時代は十九世紀中頃。音楽界では、ベートーヴェンが吹き込んだロマン派の風が新たな躍動を経て、そして成熟していく半ばだった。フランス革命後の動乱の時、キーワードは自由と平等だ。それぞれが、自由とは何かを模索していた。

ブラームスは少々ややこしい人だったかもしれない。ずっと人妻クララ（シューマンの奥さん！）に恋をしていたし、ベートーヴェンの偉大な交響曲群を意識しすぎて、交響曲第一番を作るのに二十年ぐらい費やした。

世の中が新しい価値観を求め、音楽界でも新しい作曲法がもてはやされる中、彼は前時代のフォーマットにあえて固執した。時には前時代どころか、さらに二百年以上も前の様式を引用することもあった。

そんなブラームスには、自身のスタイルが時代に沿っていないという自覚があった。しかし、一つの生き様として、自由意志として、フォーマットに縛られることを選び、貫いた。

しかしそれは、時代から取り残されるという孤独を意味していた。ブラームスにとっての自由は、孤独とイコールだったのだ。しかしそこにあるのはニヒリズムではなく、過去を含めた世界に対する深い愛情だった。自然を、ベートーヴェンやシューマンら先人の音楽を、そしてクララを愛する喜び。それこそが、彼の生きる証だったのだ。

誰一人欠けてはならなかった、「自由、しかし喜び」。ブラームスの人生そのものが、一つの作品だった。

熊野古道

三十歳のころ、オーケストラを出て、一度フリーランスになった。どんな業界も就職することは大変難しい時代だが、音楽界もしかり。だけど僕にはやりたいことがあって、もちろん不安はあったが、辞めるにはその時しかなかった。

めまぐるしい毎日から解放され、時間がたっぷりできたので、かねて行きたかった熊野古道に足を運んだ。「近藤が自分探しの旅に出かけた」、「パワースポットに充電しに行った」なんてからかわれたが、あながち間違ってはいない。キリスト教文化であるクラシックを演《や》る者として、自分のルーツ、自分が暮らす日本、東洋とは何なのかを知りたかったのだ。

熊野古道には、王子《おうじ》と呼ばれる小さな支社がいくつもある。神域の入り口に立つ発心門王子《ほっしんもん》から本宮を目指す道すがら、鳥がさえずり、木々が香る。しかしいかんせん、暑い！

八月のカンカン晴れの中、汗だくで歩き、二時間ほどで本宮に到着した。この時、何を感じるかがこの旅の目的だった。

自分の心を見つめてみる。うーん、ふつうだ。歩く距離が短かかったかしら。もちろん立派な社なのだけれど、そこには拍子抜けするほど当たり前の光景があった。外国人観光客にも人気らしく、「ワーォ、ジャパニーズ、ニンジャー」という声が聞かれる。いや、忍者ではなく、神社なんだけど。

まあ、いいかと、カラカラになった喉を潤すべく、とりあえず水飲み場へ向かった。うまい。冷たい湧き水が身体のすみずみに行き渡り、体中の細胞が生き返るのを感じる。

西洋の音楽を東洋人がやることに、意味があるのか。何をどのように表現すれば良いのか。水が喉を通るとともに、ずっと引っ掛かっていた問いの答えは、文字通り腑《ふ》に落ちた。

地下水のように、日本は僕の中に脈々と流れていた。何を演奏しようが、どこで生きようが関係ない。水は世界を循環している。合流し、分かれ、また交わる。願わくば、乾いた喉を潤す清水でありたいと、本殿に参拝し、帰路についた。

悪は巧妙に

「社会現象は演奏に何らかの影響を及ぼす。あれは悲劇的事件だ」

ロシアとウクライナが対立を深めたころ、ロシア出身のピアニスト、エフゲニー・キーシンは、東京のサントリーホールでの公演前にこう語り、スクリャービンのピアノ・ソナタで哀しみを歌った。

古い時代の音楽を扱うわれわれは、それぞれの時代の文化や社会の風潮、考え方などを理解しないといけない。そして、それが常に現代につながっていることを意識している。過去の栄光も惨劇も、フィクションではない。そしてほとんどは、歴史として連鎖する。

偉大な先人たちは、言葉で、芸術で行動で、平和や自由を模索してきた。何が本当の平和で、何が本当の自由か、これは難しい問題だ。二つは与えられるものではないし、ましてや、決して奪うものでもない。自らの中に芽生えるべきものだと思う。個人が国や宗教のためにある時、高揚の一方で、果てしない悲劇も生まれる。

キーシンと同じロシア（旧ソ連）の作曲家、ドミトリ・ショスタコーヴィッチは、スターリンの芸術弾圧の下、怯《おび》えながらも強さを貫いた。交響曲第五番にオペラ「カルメン」のアリア、ハバネラの旋律を忍ばせた。その一節は「気をつけろ、だまされるな」と歌う。

悲劇的な歴史は、数え切れないほどあった。最初は小さなほころびでも、気づいたら取り返しがつかなくなっていた。だから目を逸《そ》らさず、注意深く観察しなくてはならない。まずは己の内から。

人は悪にはならないと信じるが、人と人の「間」には悪が生まれる。悪が生まれたその瞬間、人はそれが悪であることに気づくかもしれないし、後で気づくかもしれない。気がつかないほど巧妙に隠れようとするかもしれない。

人間の弱さに巧妙に忍び寄り、つけ込んでくるそれに抗《あらが》えるかどうかは、未来を大きく変える。あの時は仕方がなかったんだ、と言ってはならない。

美しい音

音楽の道を歩む同志の一人と、「美しい音とは何か?」という話になった。

ある科学実験では、何億円もするヴァイオリンと数万円のヴァイオリンとで、実はそんなに音の差がないという結果が出たそうだ。音の成分として差がないのなら、音が集まって音楽となった時、その音楽の中に人は美しさを見いだすのか?　音の探究は果てしない。

まったく関係がなさそうな分野に、その秘密が隠されていることもしばしばある。最近、「バイオミメティクス」という言葉を知った。日本語に訳すと「生物模倣」。生き物の器官の形状や動きを観察し、科学技術に応用するものらしい。

これが目から鱗《うろこ》のすごい技術。例えば、蚊が血を吸う器官を模して痛みの少ない注射針を作ったり、ネコの舌のザラザラを、ゴミ圧縮機能のあるサイクロン掃除機に発展させたり。古くはマジックテープなんてのも、植物のオナモミのトゲをヒントにした。まだまだ自然から学ぶことはたくさんある。

作曲家の多くも、自然を享受しながら書いた。ブラームスやマーラーやラフマニノフなどは、自然豊かな別荘で名作を生み出したし、ベートーヴェンは「自然の中に全ての答えがある」という言葉を残している。そうした作曲家の音楽には、たおやかさと力強さが一緒に聴こえてくる。

われわれ奏者も、時々自然の中に入っていくことが必要だ。現代社会はノイズが多すぎて、知らないうちに耳が疲れてしまう。静寂を知らない演奏家は音を出せない。なぜなら自然の音は本当に微《かす》かだから。

美しい音の探究は、自然の不思議に触れることから始まる。そしていつしか自然そのものを生み出したい、という欲望に駆られるようになる。それは狂気と呼べるかもしれない。自然を創造した神に近づこうとするのは、神話の時代から続く人間の業なのだろうか。

自然というのは究極の美の集まりだ。表面的な美しさの向こうには、壮絶で刹那《せつな》的で、いちずな命が燃えている。そしてつながっている。人は美しくあるべきだと思う。

声なき声

故・三善《みよし》晃先生は、現代日本を代表する作曲家の一人だ。先生の作品を取り上げたコンサートは、今でも強く記憶に残っている。メーンプログラムは、戦没者のための「混声合唱とオーケストラのためのレクイエム」。

リハーサル会場に、小柄で眼光の鋭い、しかし慈しみに満ちた紳士が現れた。三善晃先生だ。奏者と合唱団に、ご自身の小学生時代について語られた。太平洋戦争のただ中、機銃掃討に遭い、横で並んで逃げていた友達が突然消えた。撃たれていた。「あれが私でなかった理由がどこにあるのか」。先生の創作活動の原風景となった。

〈誰がドブ鼠のようにかくれたいか！〉。レクイエムは合唱団の衝撃的な叫びから始まる。その後も〈シカシ、ヤッパリ殺シテイル／歯ヲクイシバッテ殺シテイル。〉〈あなたの息子が人殺しにされたことから眼をそらしなさるな〉〈死せる我が名を呼び給うな〉――など凄惨な言葉が続く。最後は宗左近《そうさこん》「夕映反歌」の一節〈いのちしななむ〉がともしびのように歌われる。

歌詞には、特攻隊の兵士の遺書も引用された。迷いを断ち切るための書、辞世の句、そして家族に宛てた手紙。僕もかつて鹿児島の知覧特攻平和会館で、ひたすら彼らの遺書を読んだ。涙も拭わず、若い彼らの生きた証を。

戦争にはさまざまな側面があると人は言う。それぞれの正義が、罪があると言う。正直僕には戦争が本当は何なのか、よくわからない。だがシンプルにハッキリしていることが一つだけある。それは、人が人を犯し殺《あや》める、ということ。

先生の曲を演奏していると、あまりの壮絶さ、すさまじさに、自分の身体が空っぽの器になったような感覚になる。魂が押し出されたような。極限の「その時」、誰が狂わずにいられると言えるか。一度狂ってしまえば、歪《ゆが》んだ顔を鏡で見ることもできないだろう。

だから叫ぶように弾く。言葉にならない言葉、声にならない声。だが、そこに等しくある静寂に、僕たちは耳を傾けねばならない。

秘密の音符

音楽を言葉にするのは難しい。オーケストラや弦楽四重奏のリハーサルでも、大事なところは、なるべく言葉で説明するのを避ける。言葉というのは使い方も響き方も人によって違う、案外に曖昧なものなのだ。

今日で、この「金のオタマジャクシ」はおしまい。連載を始めるころ、随筆は「不特定多数に向けての独り言になってしまうのでは」という心配もあった。しかしそれは杞憂《きゆう》で、すぐに読者と、それを含む世界に向けて発信しようとする自分に気付いた。この感覚は音楽をやる時と、よく似ていた。

僕の場合、舞台上で観客を意識することをしない。意識はしているかもしれないが、それは表面的に演奏者と聴衆という感覚ではない。同じ世界に存在する者としてだ。だから、音は常に世界に対して投げかけている。投げかけた音楽への応えは、いつの日か自分の心に戻ってくる。すぐの時もあるし、時間をかけての場合もある。感覚的な発信と応答は、不思議なコミュニケーションになる。

執筆中、この不思議な感覚を持ちながら書いていた。言葉という、いつもと違うアウトプットの仕方で世界に問いかけることは、本当に大きな出来事だった。すごく成長させていただいた気がする。いや、成長の種を蒔《ま》いてもらったと言うべきか。

音楽を通じて感じてきたことを、あらためて言葉にしたことで、別の側面から世界を見つめ、確認し、発見することができた。

僕はこれまでも、これからも、あくまでヴァイオリニスト。随筆を書いて得た感覚を音楽にフィードバックして、表現しなくてはいけない。その時、この随筆は本当の最終回を迎えるのかもしれない。

金のオタマジャクシは、大切な大切な、秘密の音符のこと。またこれから、それを探す旅に出る。終着点のない旅に魅了された、音の世界の住人として。

読者の皆さまを含む世界に、心から感謝します。ありがとうございました。

©深堀瑞穗

近藤　薫（こんどう・かおる）

東京藝術大学をアカンサス賞を受賞して卒業後，同大学大学院修士課程修了。在学中，藝大派遣によりウィーン音楽大学の夏期講習会に参加し，アルバン・ベルク，アマデウス，ハーゲン弦楽四重奏団のメンバーに学び，室内楽の分野でも研鑽を積む。キャラバンコンサート2002・2005に参加，ムスティスラフ・ロストロポーヴィチ，小澤征爾両氏より薫陶を受ける。国内のみならず，イタリア，ドイツ，オーストリア，スペイン，カナダ，中国，台湾などで客演。透明感のある美しい音色，また，繊細さと力強さの両極をダイナミックに表現するその演奏は，各地で好評を得る。

近年の活動としては，2015年から東京フィルハーモニー交響楽団コンサートマスターを務めるほか，フューチャー・オーケストラ・クラシックス（旧ナガノ・チェンバー・オーケストラ），バンクーバー・メトロポリタン・オーケストラでもコンサートマスターを務める。長野市芸術館シーズンプログラム・プロデューサーとしてリヴァラン弦楽四重奏団を主宰する。東京大学先端科学技術研究センターでは先端アートデザイン分野の設置に尽力，現在，特任教授としてアート的な感性による新しい社会概念の構築を目指す。

また，軽井沢音楽祭×軽井沢ニューアートミュージアム「アートはサイエンス」のプロデュース，新型コロナウイルス禍での世界初の試みとして各メディアから大きく取り上げられたYouTube動画「子どもたちと東京フィルが『運命』を本気でリモート演奏してみた」の企画配信など，プレーイング・プロデューサーとしても活躍している。

これまでに水野佐知香，岡山潔，松原勝也，ヴォルフガング・マルシュナー，海野義雄の各氏に師事。大幸財団，松尾財団より奨学金を授与。東京フィルハーモニー交響楽団創設時のコンサートマスター近藤富雄は祖父で，三世代にわたってヴァイオリニストという音楽家の家系に育つ。1980年，愛知県生まれ。

【公式ホームページ】https://kondo-kaoru.jp/

装丁：design POOL（北里俊明・田中智子）

金《きん》のオタマジャクシ、そして感性《かんせい》の対話《たいわ》
世界《せかい》に音楽《おんがく》が必要《ひつよう》な理由《わけ》

❖

2021年6月28日　第1刷発行

❖

著　者　近藤　薫

発行者　別府大悟

発行所　合同会社花乱社
〒810-0001 福岡市中央区天神 5-5-8-5D
電話 092（781）7550　FAX 092（781）7555
http://www.karansha.com

印刷・製本　有限会社九州コンピュータ印刷

ISBN978-4-910038-32-2